A arte de viver
Epicteto

A arte de viver
Epicteto

O manual clássico da virtude, felicidade e sabedoria

TRADUZIDO PARA O INGLÊS
POR GEORGE LONG

TRADUZIDO PARA O PORTUGUÊS
POR WILLIANS GLAUBER

SÃO PAULO, 2024

*A Arte de Vive*r
A Selection From The Discourses Of Epictetus With The Encheiridion by Epictetus, based on a translation by George Long
Copyright © 2024 by Amoler Ltda.

EDITOR: Luiz Vasconcelos
GERENTE EDITORIAL: Letícia Teófilo
ASSISTÊNCIA EDITORIAL: Lucas Luan Durães e Fernanda Felix
PREPARAÇÃO: Eliana Moura Mattos
REVISÃO: Andrea Bassoto Gatto
DIAGRAMAÇÃO: Mayra Freitas
CAPA: Rayssa Sanches
COMPOSIÇÃO DE CAPA: Ian Laurindo

Texto de acordo com as normas do Novo Acordo Ortográfico da Língua Portuguesa (1990), em vigor desde 1º de janeiro de 2009.

Dados Internacionais de Catalogação na Publicação (CIP)
Angélica Ilacqua CRB-8/7057

Epicteto
  A arte de viver / Epicteto ; tradução de Willians Glauber. -- Barueri, SP : Amoler 2022
  208 p.

ISBN 978-65-5401-010-8

Título original: A Selection From The Discourses Of Epictetus With The Encheiridion

1. Filosofia 2. Estoicos I. Título II. Glauber, Willians

CDD 100

22-5407

Índices para catálogo sistemático:
1. Filosofia

TEL: (11) 95960-0153 - WHATSAPP
E-MAIL: FALECONOSCO@AMOLER.COM.BR
WWW.AMOLER.COM.BR

SUMÁRIO

Epicteto

7

Uma seleção retirada
dos discursos de Epicteto

11

O enquirídio,
ou manual

159

Epicteto

Pouquíssimo se sabe sobre a vida de Epicteto. Conta-se que ele era natural de Hierápolis, na Frígia, uma cidade entre o Meandro e uma ramificação dela, chamada Lico. Hierápolis é mencionada na epístola de Paulo ao povo de Colossos (Colosso. IV., 13), por meio da qual se concluiu que havia uma igreja cristã em Hierápolis na mesma época em que o apóstolo vivia. A data do nascimento de Epicteto é desconhecida. O único fato registrado sobre sua juventude é o de que ele era um escravo em Roma e seu mestre era Epafrodito, um homem livre e perdulário do imperador Nero. Existe uma história de que o mestre quebrou a perna de seu escravo ao torturá-lo, mas talvez seja melhor confiar nas evidências de Simplício, o comentarista do Enquirídio, ou Manual: ele conta que Epicteto era fraco de corpo e coxo desde a infância. Não se sabe como ele se tornou escravo; o que se descobriu nos tempos modernos é que os pais venderam a criança, contudo, não encontrei qualquer autoridade para essa declaração.

É possível supor que o jovem escravo demonstrasse inteligência, afinal, seu mestre o enviava, ou permitia que assistisse, às palestras de Caio Musônio Rufo, um eminente filósofo estoico. Pode parecer estranho tal mestre querer que seu escravo fosse transformado em um filósofo, porém, Garnier, autor de Mémoire sur les Ouvrages d'Epictète, explica muito bem esse episódio em uma carta endereçada a Schweighaeuser. Nela, Garnier diz:

> Epicteto, nascido em Hierápolis de Frígia, de pais pobres, aparentemente ficara endividado por conta das vantagens consequentes de uma boa educação por puro capricho. Era algo comum no final da República e sob a regência dos primeiros imperadores, entre os grandes de Roma, ter, entre seus numerosos escravos, gramáticos, poetas, retóricos e filósofos, da mesma maneira que os abastados financistas desses últimos tempos foram levados a construir bibliotecas ricas e numerosas a um altíssimo custo. Tal suposição é a única capaz de nos explicar como uma criança miserável, nascida tão pobre quanto Irus, recebeu boa educação, e como um rígido estoico se tornou escravo de Epafrodito, um dos oficiais da guarda imperial, pois não podemos suspeitar que tenha sido por ter uma predileção pela doutrina estoica, e para seu próprio uso, que o confidente e ministro das devassidões de Nero tenha desejado possuir tal escravo.

Alguns escritores assumem que Epicteto foi alforriado por seu mestre, mas não consegui encontrar qualquer evidência que provasse essa afirmação. Epafrodito acompanhou Nero quando ele fugiu de Roma e de seus inimigos, ajudando o tirano miserável a se matar. Domiciano (Sueton., Domit. 14), depois disso, condenou Epafrodito à morte por tamanho serviço prestado a Nero. Podemos concluir que, de alguma forma, Epicteto conseguiu sua liberdade e começou a dar aulas em Roma; porém, depois de os filósofos terem sido expulsos de Roma por Domiciano, em 89 d.C., ele se refugiou em Nicópolis, Épiro, cidade construída por Augusto com o objetivo de celebrar a vitória em Ácio. Epicteto fundou uma escola, ou talvez fosse apenas uma sala de aula, em Nicópolis, onde lecionou até a velhice. A data da sua morte é desconhecida. Epicteto nunca se casou, conforme descobrimos graças a Luciano (Demônax, c. 55, II., ed. Hemsterh., p. 393). Quando Epicteto apontava as falhas de Demônax, aconselhando-o a encontrar uma esposa e a gerar filhos – afinal, esse também, como o próprio Epicteto dissera, era o dever de um filósofo, a prerrogativa de deixar alguém em seu lugar no universo –, Demônax refutava a doutrina, respondendo: "Então, Epicteto, dê-me uma das suas próprias filhas". Simplício conta (Coment., c. 46, p. 432, ed. Schweigh.) que Epicteto viveu sozinho por muito tempo até que, por fim, acolheu uma mulher em sua casa como babá de uma criança, da qual um dos amigos de Epicteto abrira mão por causa da pobreza; no entanto, Epicteto abrigou a criança e a criou.

Epicteto não escreveu nada, tudo que temos sobre ele foi escrito por alguém.

Fócio (Bibliot., 58) menciona, entre as obras de Arriano, CONVERSAS COM EPICTETO [do grego: HOMILIAI EPICHTAETON], em doze livros. Upton acha que essa obra é apenas outro título para DISCURSOS, e que Fócio cometeu o erro de lidar com CONVERSAÇÕES como sendo uma obra diferente de DISCURSOS. Entretanto, Fócio enumerou oito livros de DISCURSOS e doze de CONVERSAÇÕES. Schweighaeuser observa que Fócio não vira tais obras de Arriano como sendo sobre Epicteto, o que ele conclui a partir da breve nota sobre essas obras por parte de Fócio. O fato é que Fócio não menciona ter lido os livros em questão, como ele geralmente faz quando fala sobre os livros que enumera em sua biblioteca. A conclusão é que não temos certeza de que realmente tenha existido uma obra de Arriano intitulada AS CONVERSAÇÕES DE EPICTETO.

Upton observa, em uma nota em III., 23 (p. 184, Trans.), que "existem muitas passagens nessas dissertações que são ambíguas ou mesmo bastante confusas por conta de pequenas questões, e porque o assunto não é expandido por meio de uma oratória abundante, sem mencionar outros motivos". Supõe-se que os discursos de Epicteto foram chamados de "improvisos" e, dessa forma, uma coisa depois da outra entraria nos pensamentos do falante (Lobo). Schweighaeuser também observa, em uma nota (II., 336 de sua edição), que a conexão do discurso por vezes é obscura, dada a omissão de algumas palavras que se fazem necessárias para indicar a conexão dos pensamentos. Então, o leitor descobrirá que nem sempre é capaz de entender Epicteto caso não o leia com muita cautela, e algumas passagens até mais de uma vez. Ele também deve pensar e refletir ou, então, perderá de vista o significado. Não estou dizendo que o livro valha todo esse trabalho. Qualquer um precisa julgar por si próprio. Contudo, eu não o teria traduzido se não achasse que valia a pena estudá-lo; e acho que todos os livros do tipo exigem uma leitura cuidadosa caso valham mesmo a pena serem lidos.

G. L.

Uma seleção retirada dos discursos de Epicteto

SOBRE AS COISAS QUE ESTÃO EM NOSSO PODER E AQUELAS QUE NÃO ESTÃO

De todas as faculdades (com exceção da que mencionarei em breve), você não encontrará nenhuma que seja capaz de ser contemplada e, por consequência, nenhuma incapaz de ser aprovada ou desaprovada. Até que ponto a arte gramatical tem em si o poder contemplativo? Tanto quanto formar um julgamento sobre aquilo que é escrito e falado. E até que ponto a música também o faz? Tanto quanto se julgar a melodia. Alguma delas, então, é digna de contemplação? De forma alguma. Quando você precisa escrever algo para o seu amigo, a gramática lhe dirá quais palavras deve escrever; agora, se você deve ou não escrever, isso a gramática não lhe dirá. E assim se dá tanto com a música quanto com os sons musicais; no entanto, se você deve cantar naquele determinado momento e tocar alaúde, ou não, a música não lhe dirá tal coisa. Mas, então, qual das faculdades lhe dirá? Aquela que contempla a si mesma e a todas as outras coisas. E qual é essa faculdade? A racional, pois é a única faculdade que nos é dada capaz de analisar a si mesma, o que é e que tipo de poder tem, e qual é o valor desse dom, além de analisar todas as demais faculdades, afinal, o que mais existe para nos dizer que as coisas douradas são belas, já que elas mesmas não o dizem? Evidentemente que é a faculdade capaz de julgar as aparências. O que mais julga a música, a gramática e outras faculdades, prova suas utilidades e aponta as ocasiões nas quais devem ser usadas? Nenhuma além dela.

O que, então, um homem deve ter em prontidão durante tais circunstâncias? O que mais do que isso? Aquilo que é meu e que não é meu; e o que me é permitido e o que não me é. Eu, um dia, devo morrer. Então devo morrer lamentando? Talvez eu seja acorrentado. Então também devo lamentar? Pode ser que eu vá para o exílio. Então algum homem me impede de ir sob sorrisos, alegria e contentamento? Diga-me o segredo que você tem. Eu não direi, afinal isso está sob o meu poder. Mas vou colocá-lo em correntes. Homem, do que está falando? Eu, acorrentado? Você pode acorrentar a minha perna, porém a minha vontade nem mesmo o próprio Zeus é capaz de dominar. Eu vou jogá-lo na prisão. O meu pobre corpo, você quer dizer. Eu vou cortar a sua cabeça. E quando foi que eu lhe disse que a minha cabeça, por si só, não pode ser cortada? Essas são as coisas sobre as quais os filósofos precisam meditar, sobre as quais devem escrever diariamente, sob as quais devem se exercitar.

O que disse, então, Agripino? Ele disse: "Eu não sou um obstáculo para mim mesmo". Quando lhe foi informado que seu julgamento estava acontecendo no Senado, ele disse: "Espero que tudo dê certo; mas são cinco da manhã" – esse era o horário em que ele costumava se exercitar e, em seguida, tomar o banho frio. "Vamos fazer o nosso exercício". Depois que ele se exercitou, alguém chegou e lhe disse: "Você foi condenado". "Para o banimento", respondeu ele, "ou para a morte?". "Para o banimento". "E quanto à minha propriedade?". "Não será tirada de você". "Então vamos até Arícia", disse ele, "e jantaremos".

Como um homem é capaz de manter seu caráter adequado em quaisquer ocasiões

Apenas para o animal racional, o irracional é intolerável; porém, aquilo que é racional é tolerável. Golpes não são naturalmente intoleráveis. Como pode isso? Veja como os lacedemônios suportam as chicotadas uma vez que aprenderam que elas são consistentes com a razão. Enforcar-se não é intolerável. Então, quando você tem a opinião de que é racional, vai e se enforca. Em resumo, caso observemos, descobriremos que o homem animal não sofre tanto com o que é irracional; e, ao contrário, é muito mais atraído pelo que é racional.

Apenas considere por qual preço você vende o seu próprio testamento: se não por outro motivo, pelo menos por isso, que o venda por uma quantia que não seja pequena. Mas aquilo que é grande e superior talvez pertença a Sócrates e seus afins. Se somos naturalmente assim, por que uma grande quantidade de nós não é como ele? Portanto, é verdade que todos os cavalos se tornam rápidos, que todos os cães ficam hábeis em rastrear pegadas? Logo, é algo sobre o qual não preciso me preocupar, uma vez que sou naturalmente estúpido? Espero que não mesmo. Epicteto não é superior a Sócrates; contudo, não sendo inferior, isso já me basta, afinal, eu nunca serei um Milo, mas ainda assim não negligenciei o meu corpo; nem mesmo serei um Creso, e ainda assim não negligenciei a minha propriedade; nem deixamos de cuidar de alguma coisa porque nos desesperamos para alcançar o nível mais elevado.

Como um homem deveria proceder partindo do princípio de que Deus é o pai de todos os homens e de todo o restante

Se um homem for capaz de concordar com tal doutrina como ele deve, a de que todos nós nascemos de Deus de uma forma especial e que Ele é pai tanto dos homens quanto dos deuses, suponho que ele nunca teria nenhum pensamento ignóbil ou mesmo maldoso sobre si mesmo. No entanto, caso César (o imperador) o adotasse, ninguém seria capaz de suportar a sua arrogância; e se você souber que é filho de Zeus, não ficará exultante diante da informação? Contudo, nós não somos nenhuma das coisas; porém, como ambas se misturam na geração do homem, tendo ele o corpo em comum com os animais e a razão e a inteligência em comum com os deuses, muitos se inclinam a tal parentesco, o que é miserável e mortal; e alguns poucos àquele que é divino e feliz. Já que se faz necessário que todo homem use tudo de acordo com a opinião que ele tem sobre tal coisa, os poucos que pensam que são desenvolvidos para a fidelidade e a modéstia, e um uso seguro das aparências, não nutrem pensamentos mesquinhos ou ignóbeis sobre si mesmos; porém, no caso de muitos acontece bem o contrário. Pois eles dizem: "O que eu sou? Um homem pobre e miserável, com meu pedaço de carne infeliz". De fato, um miserável, mas você tem algo melhor do que o seu pedaço de carne. Por que, então, negligencia aquilo que é melhor e por que se apega a isso?

Por meio dessa similaridade com o pedaço de carne, alguns de nós, inclinados a tal atitude, tornam-se iguais aos lobos: infiéis, traiçoeiros e maliciosos; outros iguais a leões: selvagens, bestiais e indomáveis; entretanto, a maior parte de nós se torna raposas e outros animais ainda piores. Pois o que é mais caluniador e maligno do que uma raposa ou outro animal mais miserável e mesquinho? Portanto, preste atenção e tome cuidado para que você não se torne uma dessas criaturas miseráveis.

Sobre progresso ou aperfeiçoamento

Aquele que está progredindo, uma vez tendo aprendido com os filósofos que "desejo" significa desejar coisas boas e que "aversão" significa ser averso a coisas ruins; uma vez tendo aprendido também que a felicidade e a tranquilidade não são alcançáveis pelo homem senão por ter sucesso em obter aquilo que deseja e não se render àquilo que ele evitaria, tal homem tira de si mesmo o desejo e abre mão dele, empregando sua aversão apenas às coisas que dependem de sua vontade. Pois, se tenta evitar qualquer coisa que seja independente de sua vontade, sabe que, por vezes, render-se-á a algo que deseja evitar e, então, será infeliz. Ora, se a virtude promete boa sorte, tranquilidade e felicidade, também certamente o progresso rumo à virtude significa progresso para cada uma dessas coisas, afinal, é sempre verdade o fato de que, para onde quer que o aperfeiçoamento de qualquer coisa nos leve, o progresso é a aproximação para esse ponto.

Então, como admitimos que a virtude é exatamente como eu disse e, ainda assim buscamos, o progresso em outras coisas e nos gabamos disso? Qual é o resultado da virtude? Tranquilidade. Quem, então, faz o aperfeiçoamento? É aquele que leu muitos livros de Crisipo? Mas ter virtude, desse modo, consiste em compreender Crisipo? Se esse for o caso, o progresso claramente não passa de conhecer muito sobre Crisipo. Mas agora admitimos que a virtude produz uma coisa e declaramos que se aproximar dela significa outra coisa, isto é, progresso ou aperfeiçoamento. Tal pessoa, diz alguém, já é capaz de ler Crisipo por si mesma. Na verdade, meu caro, você está fazendo um enorme progresso. Mas que tipo de progresso? E por que você zomba do homem? Por que o afasta da percepção de seus próprios infortúnios? Você não mostrará a ele o efeito da virtude para que aprenda onde procurar aperfeiçoamento? Procure ali, miserável, onde está o seu trabalho. Mas onde está o seu trabalho? No desejo e na aversão, para que você não se decepcione em seu querer e não se renda àquilo que evitaria; em sua busca e evitação, que você não cometa nenhum erro; quanto ao consentimento e à ausência dele, que você não seja enganado. As primeiras coisas, e as mais necessárias, são aquelas que mencionei. Porém, se com tremor e lamentação você procura não se render àquilo que evita, diga-me como você está se aperfeiçoando.

Então, você me mostra o seu aperfeiçoamento nessas coisas? Se eu estivesse falando com um atleta, diria: "Mostre-me seus ombros", e logo ele poderia dizer: "Aqui está meu cabresto". Você e seu cabresto se atentam para isso. Devo responder: "Desejo ver o efeito do cabresto". Então, quando você diz: "Pegue o tratado sobre os poderes em ação ([do grego: HORMEA]) e veja como eu o estudei", eu respondo: "Escravo, não estou perguntando sobre isso e, sim, sobre como você treina a busca e a evitação, o desejo e a aversão, como projeta, propõe-se e se prepara, esteja isso em conformidade com a natureza ou não. Se o estiver, ofereça-me provas disso e direi que você está realmente progredindo; agora, caso não esteja de acordo, vá embora, e não apenas exiba seus livros, mas os escreva por conta própria. E o que você vai ganhar com isso? Não sabe que o livro inteiro custa somente cinco denários? Então quem o expõe parece valer mais do que cinco denários? Portanto, jamais busque o assunto em si em um lugar e prossiga na direção dele em outro. Mas, então, onde está o progresso? Se algum de vocês, ao se afastar do exterior, volta-se à sua própria vontade ([do grego: PROAIRESIS]) para exercê-la e aperfeiçoá-la por meio do trabalho, de modo a fazê-la estar em conformidade com a natureza, elevada, livre, irrestrita, desimpedida, fiel, modesta; e caso ele tenha aprendido que aquele que deseja ou evita as coisas que não estão em seu poder é incapaz de ser fiel ou ao menos livre, mas que necessariamente precisa mudar com elas e ser tirado do lugar por elas, como quando se está no meio de uma tempestade; e necessariamente precisa submeter a si mesmo a outros que tenham o poder de obter ou impedir aquilo que deseja ou evitaria; enfim, quando se levanta pela manhã, observa-se e se guarda tais regras, banha-se como um homem fiel, come como um homem modesto; da mesma forma, se em cada questão que ocorrer ele trabalhar seus princípios essenciais ([do grego: TA PROAEGOUMENA]) como o corredor faz em relação à corrida e o treinador vocal à voz – este é o homem que realmente progride, o que não viajou em vão. Mas, se ele se esforçou para a prática de ler livros e trabalha unicamente para isso, e viajou para isso, digo a ele que retorne para casa imediatamente e não negligencie seus negócios por lá, pois o motivo pelo qual ele viajou de nada serviu. Mas outra coisa é estudar as maneiras por meio das quais um homem pode livrar a sua vida de lamentações e murmúrios, e dizer: "Ai de mim, miserável que sou", e livrá-la também dos infortúnios e desapontamentos, e aprender o que é a morte, o exílio, a prisão, o veneno, para que ele possa dizer quando estiver acorrentado: "Caro Críton, se for a vontade dos deuses, que assim seja, que assim seja", e não dizer: "Desventurado sou eu, um velho. Ganhei os meus cabelos grisalhos para isso?". Quem fala assim? Você acha mesmo que vou citar algum homem sem reputação e de baixa condição? Não é Príamo quem diz isso? Não é Édipo quem diz isso? Não, todos os reis dizem isso! Pois o que é a tragédia se não as perturbações ([do grego: PATHAE]) dos homens que valorizam aquilo que é externo, exibido nesse tipo de poesia? Mas se um homem deve aprender por meio da ficção, o fato de que nenhuma coisa externa, independentemente da vontade, diz respeito a nós, da minha parte eu gostaria dessa ficção; com a ajuda dela eu deveria viver feliz e sem perturbações. Mas vocês devem considerar por conta própria aquilo que desejam.

Mas, então, o que Crisipo nos ensina? A resposta é saber que tais coisas não são falsas, essas a partir das quais vêm a felicidade e a tranquilidade. Pegue os meus livros e aprenderá quão verdadeiras e em conformidade à natureza são as coisas que me libertam das perturbações. Ó grande boa sorte! Ó grande benfeitor que aponta o caminho! Todos os homens ergueram templos e altares para Triptólemo porque ele nos ofereceu alimento por meio do cultivo; contudo, para aquele que descobriu a verdade, trouxe-a à luz e a comunicou a todos – mas não a verdade que nos ensina como viver e, sim, a viver bem –, quem de vocês construiu um altar, ou um templo, ou mesmo dedicou uma estátua para isso, ou até quem adora a Deus por causa disso? Porque os deuses deram a videira, ou o trigo, nós os sacrificamos a eles; mas não devemos agradecer a Deus porque eles desenvolveram na mente humana aquele fruto pelo qual eles pretendiam nos mostrar a verdade que se relaciona com a felicidade?

CONTRA OS ACADÊMICOS

Epicteto disse que, caso um homem se oponha a verdades evidentes, não é fácil encontrar argumentos que o façam mudar de ideia. Entretanto, isso não surge da força do homem ou da fraqueza do professor, afinal, quando o homem, embora tenha sido refutado, fortalece-se como uma pedra, como, então, podemos lidar com ele por meio de argumentos?

Ora, há dois tipos de fortalecimento: um, o que vem do entendimento; o outro, do sentimento de vergonha, quando um homem resolve não mais concordar com aquilo que manifesta nem desistir das contradições. A maioria de nós tem medo da morte do corpo e inventaria todos os meios possíveis para evitar tamanha coisa, mas não nos importamos com a morte da alma. E, de fato, em relação à alma, se um homem está em tal estado no qual não apreende nada, nem mesmo entende nada, pensamos que ele está em más condições; agora, caso os sentimentos de vergonha e modéstia estejam mortos, então chamamos isso de "poder" (ou força).

Sobre providência

Por tudo aquilo que é ou acontece no mundo fica fácil louvar a Providência se um homem tem estas duas qualidades: a faculdade de ver o que pertence e acontece a todas as pessoas e coisas, e uma disposição agradecida. Se ele não tem ambas as qualidades, não verá a utilidade das coisas que são e acontecem, outra pessoa não será grata por elas, ainda que as conheça. Se Deus tivesse criado as cores, mas não tivesse desenvolvido a faculdade de vê-las, de que serviriam? Para absolutamente nada. Por outro lado, se Ele tivesse criado a faculdade da visão, mas não objetos que se coloquem sob a faculdade, qual seria o uso dela também nesse caso? De fato, nenhum. Bem, suponha que Ele tenha criado ambos, mas não a luz. Também, nesse caso, eles teriam sido inúteis. Mas, então, quem encaixou isso naquilo e aquilo nisso?

Quais os impactos dessas coisas apenas em nós? Muitos, na verdade, somente em nós, dessas coisas das quais o animal racional tinha necessidade peculiar; mas você encontrará muito em comum entre nós e os animais irracionais. Então eles entendem o que é feito? De jeito nenhum, pois o uso que se faz de algo é uma coisa e o entendimento dele é outra. Deus precisava de animais irracionais para montar o cenário e de nós para entender o uso dele. Portanto, é suficiente para eles apenas comer, beber, copular e fazer todas as outras coisas que eles fazem individualmente. Já para nós, a quem Ele deu também a faculdade intelectual, tais coisas não são o bastante porque, a menos que ajamos de uma forma que seja adequada e ordenada, e de acordo com a natureza e constituição de cada coisa, jamais atingiremos o nosso verdadeiro propósito, pois, onde as constituições dos seres vivos são diferentes, também os atos e os fins o são. Naqueles animais cuja constituição é adaptada apenas à utilidade deles, o uso em si é suficiente; porém, um animal (o homem) que também tem o poder de entender essa utilidade, a menos que haja a devida prática do entendimento, nunca alcançará seu próprio objetivo. Pois bem, Deus cria cada um desses animais, um para ser comido, outro para servir à agricultura, outro para fornecer queijo e outro que tem utilidade semelhante, para quais propósitos e com qual necessidade há de se compreender o cenário e ser capaz de distingui-las? Contudo, Deus apresentou o homem para ele ser um espectador dEle e de Suas obras; e não só um mero espectador delas, mas um intérprete. Por isso é vergonhoso ao homem começar e terminar no mesmo ponto em que os animais irracionais terminam; no entanto, ele deve, sim, começar por onde eles começam e terminar onde a natureza termina em nós; e a natureza acaba em contemplação e compreensão, em um modo de vida que esteja em conformidade com a natureza. Portanto, vigiai para não morrer sem ter sido espectador dessas coisas.

Mas vocês viajam até Olímpia para ver a obra de Fídias e acham que é uma infelicidade morrer sem ter visto tais coisas. Porém, quando não há necessidade de fazer uma viagem, e é onde um homem está que se tem as obras (de Deus) diante dele, você não desejará vê-las e compreendê-las? Não perceberá o que você é, ou para qual propósito nasceu, ou por que recebeu a faculdade da visão? Mas você pode dizer: "Existem algumas coisas desagradáveis e problemáticas na vida". E elas não existem em Olímpia? Você já não está chamuscado? Não está sendo pressionado por uma multidão? Não está sem meios confortáveis para tomar um banho? Não fica molhado quando chove? Não tem uma abundância de barulho, clamor e tantas outras coisas desagradáveis? Mas eu suponho que, contrapondo todas essas coisas à magnificência do espetáculo em si, você suporte e aguente. Bem, então você não recebeu as faculdades por meio das quais será capaz de suportar tudo o que acontece? Não recebeu a grandeza de alma? A masculinidade? A perseverança? E por que me preocupo com qualquer coisa que possa vir a acontecer se tenho essa grandeza de alma? O que deve distrair a minha mente, ou mesmo me perturbar, ou parecer doloroso? Não devo usar o poder para os propósitos pelos quais os recebi e devo lamentar o que acontece e me afligir por conta disso?

Então venha você também e, uma vez tendo observado essas coisas, olhe para as faculdades que tem, e, quando as tiver observado, diga: "Traga agora, ó Zeus, qualquer dificuldade que você queira, pois já tenho os meios que me foram dados por ti e os poderes para me honrar pelas coisas que acontecem". Mas você não faz isso; fica parado, tremendo de medo diante da possibilidade de que algumas coisas aconteçam, chorando, lamentando e murmurando pelo que acontece; e, então, você culpa os deuses. Pois qual é a consequência de tal mesquinhez de espírito senão a impiedade? E, contudo, Deus não só nos deu tais faculdades, por meio das quais somos capazes de suportar tudo o que acontece sem ficarmos deprimidos ou dilacerados por isso, como também um bom rei e um verdadeiro pai, Ele nos deu tamanhas faculdades livres de impedimentos, sujeitas a nenhuma coação, desimpedidas; colocou-as inteiramente sob o nosso próprio poder, sem sequer ter guardado para Si mesmo qualquer poder de parar ou impedir. Você, que recebeu esses poderes de forma gratuita e, sendo seus, não os usa nem mesmo enxerga o que recebeu e de quem; alguns de vocês, sendo cegos para com Aquele que os doou e nem mesmo reconhecendo seu benfeitor; outros, por mesquinhez de espírito, rendem-se a encontrar falhas e fazer acusações contra Deus. Entretanto, mostrarei a você que há poderes e meios para a grandeza da alma e a masculinidade; já os poderes que você tem para encontrar acusações de culpa, fica a seu cargo me mostrar.

Perante o fato de sermos parentes de Deus, como um homem é capaz de agir diante das consequências

Na verdade, acho que o velho deveria estar sentado aqui não para imaginar como vocês não conseguem ter pensamentos mesquinhos nem conversas mesquinhas e ignóbeis sobre si mesmos, mas para se preocupar em não haver nenhum jovem com tal mentalidade entre nós; que, quando reconhecem seu parentesco com Deus e o fato de que estamos presos a tais laços, o corpo, e eu quero dizer as suas posses, e todo o resto que nos seja necessário para a economia e para o comércio da vida, devem ter a pretensão de jogar fora essas coisas como se fossem fardos dolorosos e intoleráveis e, então, partir para junto de seus parentes. Mas esse é o trabalho no qual seu professor e instrutor deveria ser empregado se ele realmente fosse o que deveria ser. Você deve ir até ele e dizer: "Epicteto, não podemos mais suportar estar presos a este pobre corpo, alimentá-lo, dar-lhe de beber, descansar e limpá-lo, por causa de o corpo cumprir os desejos desses e daqueles. Essas não passam de coisas indiferentes e que nada significam para nós; a morte não é um mal? E, de certa forma, não somos parentes de Deus e não viemos dEle? Permita-nos partir rumo ao lugar de onde viemos; permita que nos tornemos finalmente livres desses laços pelos quais estamos presos e sobrecarregados. Aqui existem ladrões, bandidos e tribunais de justiça, aqueles chamados de "tiranos", que pensam ter algum poder sobre nós por meio do corpo e de seus bens. Permita-nos mostrar a eles que não têm poder sobre homem algum. E eu, da minha parte, diria: "Amigos, esperem por Deus: quando Ele der o sinal e libertá-los desse serviço, então estarão na presença dEle; mas, por enquanto, perseverem morando nesse lugar onde Ele os colocou. De fato, é curto esse período de permanência aqui e fácil de suportar para aqueles dispostos a tal; pois que tirano, ou que ladrão, ou quais tribunais de justiça são formidáveis para aqueles que consideraram o corpo e os bens do corpo como sendo coisas sem valor? Então, esperem, não vão embora sem uma razão".

Sobre contentamento

No que diz respeito aos deuses, há quem diga que não existe um ser divino; outros dizem que existe, porém que ele é inativo e descuidado, não pensa em nada; uma terceira classe diz que tal ser existe e exerce uma premeditação, mas somente sobre coisas grandiosas e celestiais, sobre nada na Terra; uma quarta classe afirma que um ser divino exerce premeditação tanto sobre as coisas terrenas quanto sobre as celestiais, porém apenas de maneira geral e não sobre as coisas individualmente. Há ainda uma quinta classe, à qual pertencem Ulisses e Sócrates, que dizem:

> Nem mesmo me movo sem o Seu conhecimento.
>
> Ilíada, X., 278

Portanto, antes de todas as outras coisas, é necessário questionar cada uma dessas opiniões, se elas são afirmações verdadeiras ou não. Afinal, se não existem deuses, como pode ser nosso propósito adequado segui-los? E, se eles existem mesmo, porém não cuidam de nada, nesse caso também, como será algo certo segui-los? Contudo, se realmente eles existem e cuidam das coisas, ainda que não haja nenhum comunicado vindo deles aos homens, nem mesmo a mim, de fato, como, então, é certo (segui-los)? Logo, o homem que é sábio e bom, depois de considerar todas essas coisas, submete a sua própria mente àquele que administra o todo, como os bons cidadãos fazem com a lei do Estado. Aquele que está recebendo instrução deve ser instruído com esta intenção: "Como devo seguir os deuses em todas as coisas, contentar-me com a administração divina, e como posso ser livre? Afinal, livre é aquele a quem tudo acontece de acordo com sua própria vontade e que ninguém é capaz de impedir. Então a liberdade não passa de uma loucura? Certamente, não, porque loucura e liberdade não subsistem. Porém, você diz que eu teria tudo resultando naquilo de que gosto, e da maneira que eu gosto. Você está louco, está fora de si. Não sabe que a liberdade é uma coisa nobre e valiosa? Mas, para mim, desejar de forma tão descuidada que as coisas aconteçam como eu gosto desconsiderando todo o resto, isso por si só parece não apenas não ser nobre, como também algo muito baixo. Então como procedemos na questão da escrita? Eu quero escrever o nome de Dião como eu bem entender? Não, mas me ensinaram a querer escrevê-lo como deveria ser escrito. E em relação à música? Da mesma forma. E universalmente quanto a toda arte ou ciência? Apenas o mesmo. Se assim não o fosse, de nada valeria saber qualquer coisa caso o conhecimento se adaptasse aos caprichos de cada homem. É, então, somente isso, que é o maior e o principal, quero dizer, a liberdade, que me é permitido querer sem quaisquer considerações? De forma alguma. Mas, ser instruído é isso, aprender a desejar que tudo aconteça da maneira como acontece. E como as coisas acontecem? Como o triturador os triturou? E ele designou verão e inverno, abundância e escassez, virtude e vício, e todos esses opostos para que o todo tivesse harmonia; e para cada um de nós ele deu um corpo, partes desse corpo, posses e companheiros.

Então o que resta, ou que tipo de método é descoberto para manter um comércio com eles? Existe um pelo qual devem fazer o que lhes parece adequado, e nem por isso estaremos menos em conformidade à natureza? Mas você não está disposto a suportar tal coisa e está descontente; se está sozinho, você chama isso de "solidão"; se está acompanhado por homens, você os chama de "patifes" e "ladrões"; e critica seus próprios pais e filhos, irmãos e vizinhos. Mas, quando estiver sozinho, você deve nomear tal condição como sendo "tranquilidade" e "liberdade", pensar que é semelhante aos deuses; e, quando está rodeado por muitos, você não deve chamar isso de "multidão", não de "problema", de "inquietação", mas de "festival" e "assembleia", e, dessa forma, aceitar tudo com satisfação.

Então qual é a punição para aqueles que não aceitam? É ser o que são. Alguém fica insatisfeito por estar sozinho? Deixe-o sozinho. Um homem está insatisfeito com seus pais? Deixe que ele seja um mau filho e lamente. Ele está insatisfeito com seus filhos? Deixe que ele seja um péssimo pai. Jogue-o na prisão. Mas que prisão? Aquela onde ele já está, pois está ali contra a sua vontade; e o lugar em que um homem está contra a sua vontade, para ele, portanto, é uma prisão. Então Sócrates não estava na prisão, afinal, ele estava lá de boa vontade. A minha perna deve ser arrancada? Que desgraçado você, portanto, que por causa de uma perna em mal estado critica o mundo! Você não vai voluntariamente se render em prol do todo? Não vai se afastar disso? Não vai abrir mão do controle disso para aquele que o deu? E você ficará aborrecido e descontente com as coisas estabelecidas por Zeus, aquelas que ele, com as Moiras (destinos) que estavam presentes e tecendo o fio de sua geração, definiu e colocou em ordem? Você não sabe quão pequena é uma parte em comparação ao todo. Estou me referindo ao corpo, pois em relação à inteligência você não é inferior aos deuses nem menos do que eles; porque a magnitude da inteligência não é medida pelo comprimento ou mesmo pela altura, e, sim, pelos pensamentos.

COMO TUDO PODE SER FEITO DE FORMA ACEITÁVEL AOS OLHOS DOS DEUSES

Quando alguém perguntou: "Como pode um homem comer de forma aceitável aos olhos dos deuses?", ele respondeu: Se ele pode comer com justiça e satisfação, e com equanimidade, e com moderação e ordem, não será também aceitável para os deuses? Mas, quando você pediu água morna e o escravo não ouviu, ou se ele ouviu e trouxe apenas água morna, ou ele nem mesmo está em casa, então não se aborreça ou exploda de raiva, e isso não é aceitável para os deuses? Como, então, um homem pode suportar pessoas como esse escravo? Escravize-se, você não suportará seu próprio irmão, que tem Zeus como seu progenitor e é como um filho das mesmas sementes e descendência superiores? Mas, se você foi colocado em um lugar tão elevado, tornar-se-á imediatamente um tirano? Você não vai se lembrar de quem é e quem você governa? Que são parentes, irmãos por natureza, filhos de Zeus? Mas eu os valorizei e eles não me valorizaram. Você percebe em que direção está olhando, que é para a Terra, para o poço, para essas leis miseráveis de homens mortos? E não para as leis dos deuses.

O QUE A FILOSOFIA PROMETE

Quando um homem o consultou sobre como deveria persuadir seu irmão a deixar de se zangar com ele, Epicteto respondeu: "A filosofia não se propõe a garantir ao homem qualquer coisa externa. Se assim o fizesse (ou se não o fizesse, como digo), a filosofia estaria permitindo algo que não está dentro de sua esfera. Pois assim como a matéria-prima do carpinteiro é a madeira e a do escultor é o cobre, a da arte de viver é a vida de cada homem". E quanto à do meu irmão? "Isso, de novo, pertence à própria arte dele, porém, no que diz respeito à sua, é uma das coisas externas, como um pedaço de terra, como a saúde, a reputação. Mas a filosofia não promete nada disso. Em todas as circunstâncias, manterei, ela diz, a parte governante em conformidade com a natureza. Mas a parte governante de quem? Daquele que eu sou, ela diz".

"Então como o meu irmão deixará de se zangar comigo?". "Traga-o até mim e eu direi para ele. Mas não tenho nada a dizer para você sobre a raiva dele".

Quando o homem que se consultava com ele disse: "Preciso saber algo: como, mesmo o meu irmão não se reconciliando comigo, conseguirei me manter em um estado que esteja em conformidade com natureza?", Epicteto disse: "Nada de grandioso é desenvolvido de repente, pois nem mesmo a uva ou o figo o são. Se você me disser agora que quer um figo, responder-lhe-ei que isso é algo que requer tempo; deixe que ele floresça primeiro, depois dê frutos e, então, amadureça. Portanto, se o fruto de uma figueira não é aperfeiçoado de repente e em uma hora, seria possível você obter o fruto da mente de um homem em tão pouco tempo e tão facilmente? Não espere por isso, mesmo que eu lhe diga para fazê-lo".

SOBRE O FATO DE QUE NÃO DEVEMOS FICAR ZANGADOS COM OS ERROS (AS FALHAS) DOS OUTROS

Portanto, esse ladrão e esse adúltero não deveriam ser destruídos? De modo algum diga isso, mas fale assim: "Esse homem, que se enganou e o fez sobre as coisas mais importantes, e se cegou por isso, não na faculdade da visão que distingue o branco do preto, mas naquela que distingue o bom do ruim, não deveríamos destruí-lo?". Se você falar dessa forma perceberá quão desumano é isso o que diz, porque é como se dissesse: "Não deveríamos destruir esse homem cego e surdo?". Porém, se o maior dano a ser causado é justamente a privação das maiores coisas, e a maior coisa em cada homem é, portanto, a vontade ou a escolha tal como ela deve ser, e um homem é privado disso, por que você também está com raiva dele? Homem, você não deve ser afetado pelas coisas ruins de outro contra a natureza. Tenha pena dele; abandone essa predisposição de se sentir ofendido e de odiar, e estas palavras que muitos pronunciam: "Esses malditos e odiosos companheiros". Como você se tornou assim tão sábio de uma vez só? E como é tão rabugento? Por que estamos com raiva mesmo? Será que é porque valorizamos tanto as coisas que esses homens nos roubam? Não admire suas roupas e, dessa forma, não ficará zangado com o ladrão. Considere esse assunto desta maneira: você tem roupas finas, o seu vizinho, não; você tem uma janela, quer arejar as roupas. O ladrão não sabe em que consiste o bem do homem, porém ele acha que tal bem consiste em ter roupas finas, a mesma coisa que você também pensa. Por que, então, ele não deveria vir e levá-las embora consigo? Quando você mostra um bolo para pessoas famintas e o engole todo sozinho, espera mesmo que elas não o roubem de você? Não as provoque; não tenha janela; não areje as suas roupas. Recentemente, também mandei colocar uma lamparina de ferro ao lado dos deuses da minha casa; ao ouvir um barulho na porta, desci correndo e descobri que a lamparina fora levada. Refleti que aquele que a pegara não fizera nada de estranho. Mas, então, o que ele havia feito? "Amanhã", eu disse, "você encontrará uma lamparina de barro, afinal, um homem só perde aquilo que tem. Eu perdi a minha roupa. E o motivo disso é o fato de que você tinha uma roupa. Estou com dor na cabeça. Você tem alguma dor nas suas têmporas? Por que, então, está incomodado? Pois nós só perdemos e só temos dores pelas coisas que possuímos".

Mas o tirano vai acorrentar... o quê? A perna. Ele vai arrancar... o quê? O pescoço. Então, o que ele não vai acorrentar e arrancar? A vontade. É por isso que os antigos ensinavam a premissa máxima: conhece-te a ti mesmo. Por conseguinte, devemos praticar as pequenas coisas e, ao iniciar por elas, prosseguir para as maiores. Eu tenho dor na cabeça. Não diga "Ai"! Eu tenho dor no ouvido. Não diga "Ai"! E eu não estou dizendo que você não tem permissão para gemer de dor, mas não o faça por dentro; e, se o seu escravo demorar para trazer um curativo, não grite nem se atormente, dizendo: "Todos me odeiam, afinal, quem não odiaria um homem assim?", para que, no futuro, ao se apoiar nessas opiniões, ande ereto, livre; não confiando no tamanho do seu corpo, como um atleta o faz, porque um homem não deve ser invencível do jeito que um asno é.

COMO DEVERÍAMOS NOS COMPORTAR DIANTE DE TIRANOS

Se um homem tem alguma superioridade, ou pensa que a tem quando, na verdade, não a tem, ele, se não for instruído para isso, necessariamente se sentirá orgulhoso. Por exemplo, o tirano diz: "Eu sou o mestre de tudo!". Mas o que você pode fazer por mim? Pode me conceder um desejo que não terá nenhum obstáculo à frente? Como você poderia fazer tal coisa? Tem o poder infalível de evitar aquilo que evitaria? Tem o poder de se mover na direção de um objeto sem erro? E como você tem esse poder? Veja bem, quando você está em um navio, confia em si mesmo ou no timoneiro? E, quando está em uma carruagem, em quem você confia além do motorista? E como isso se dá em todas as outras artes? Exatamente da mesma forma. Portanto, em que se baseia o seu poder? "Todos os homens me respeitam". Bem, eu também respeito o meu prato, eu o lavo e limpo; e, por causa do meu frasco de óleo, finco um prego na parede. Bem, então por isso tais coisas são superiores a mim? Não, mas elas suprem alguns dos meus desejos, e justamente por isso eu cuido delas. Bem, eu não cuido da minha bunda? Não a lavo? Eu não a limpo? Você não percebe que todo homem se importa consigo mesmo e com você da mesma forma como se importa com a própria bunda? Pois quem tem consideração por você como um homem? Mostre-me. Quem deseja se tornar assim como você? Quem o imita, assim como o faz com Sócrates? "Mas eu posso cortar sua cabeça". Você diz o certo. Esqueci que preciso cuidar de você como faria com a febre e a bile, e erguer um altar para você assim como se fez um altar em Roma para a febre.

Mas, afinal, o que perturba e aterroriza a multidão? É o tirano e seus guardas? (de maneira nenhuma.) Eu espero que não seja assim. Não é possível que aquilo que é livre por natureza possa ser perturbado por qualquer outra coisa, ou mesmo impedido por outra coisa que não seja por si mesmo. Contudo, são as próprias opiniões de um homem que o perturbam. Afinal, quando o tirano diz a um homem: "Vou acorrentar sua perna", quem valoriza a própria perna diz: "Não, tenha pena de mim". Mas aquele que valoriza a sua própria vontade diz: "Se lhe parecer mais vantajoso fazê-lo, acorrente-a". Você não se importa? "Eu não me importo". Eu vou te mostrar que eu sou o mestre. "Mas você não é capaz de fazer isso. Zeus me libertou. Você acha que ele pretendia permitir que o próprio filho dele fosse escravizado? Mas você é o mestre da minha carcaça; ande, pegue". Então, quando você se aproxima de mim, você não tem consideração por mim? "Não, mas tenho consideração por mim mesmo; e, se quer que eu diga que também tenho consideração por você, digo-o que tenho da mesma forma que tenho pelo meu pote de barro.

O que acontece então? Quando noções absurdas sobre coisas independentes da nossa vontade, como se fossem boas e (ou) ruins, estão no lugar mais profundo das nossas opiniões, devemos, portanto, necessariamente, prestar atenção aos tiranos: pois eu gostaria que os homens prestassem atenção apenas neles, e não aos homens do quarto também. Como o homem se tornou imediatamente sábio assim que César o nomeou superintendente do assento de latrina? Como podemos dizer que Felício prontamente falou de maneira sensata comigo? Eu gostaria que ele fosse retirado do quarto para que pudesse, mais uma vez, parecer um tolo aos seus olhos.

Um homem foi exaltado à tribuna? Todos aqueles que o conhecem o parabenizam; um beija seus olhos, outro o pescoço, e os escravos beijam as suas mãos. Ele vai para a sua casa e ali encontra tochas acesas. Ele ascende ao capitólio, oferece um sacrifício nessa ocasião. Agora, quem já se sacrificou por ter tido bons desejos? Por ter agido em conformidade com a natureza? Afinal, de fato, nós agradecemos aos deuses por aquelas coisas em que colocamos a nossa bondade.

Hoje, uma pessoa estava falando comigo sobre o sacerdócio de Augusto. Eu lhe disse: "Homem, deixe isso em paz. Você vai gastar demais para nenhum propósito". Mas ele respondeu: "Aqueles que fizerem acordos escreverão o meu nome". "Você fica ao lado daqueles que o leem e diz para essas pessoas: 'Eu sou aquele cujo nome está escrito ali'? E se agora você puder se fazer presente em todas essas ocasiões, o que fará quando estiver morto?". "O meu nome permanecerá". Então o escreva em uma pedra, ele permanecerá da mesma forma. Mas, veja bem, que lembrança de você restará além de Nicópolis?". "Mas eu usarei uma coroa de ouro". "Se você deseja uma coroa, pegue uma de rosas e a coloque, pois assim ela terá mais elegância".

Contra aqueles que desejam ser admirados

Quando um homem mantém a sua posição adequada na vida, ele não fica boquiaberto diante das coisas além dela. Homem, o que deseja que aconteça com você? Estou satisfeito se eu desejar e evitar o que quer que esteja em conformidade com a natureza, se me movimentar em direção a e a partir de um objeto como por natureza eu fui criado para fazer; além de propósito, desígnio e assentimento. Então, por que você se pavoneia diante de nós como se tivesse engolido uma lança? O meu desejo sempre foi o de que aqueles que me conhecem me admirassem e os que me seguem exclamassem: "Ó grande filósofo! Quem são aqueles por quem você deseja ser admirado? Não são aqueles sobre quem você costuma dizer que são loucos? Bem, logo, você deseja ser admirado por loucos?".

Sobre precognição

As precognições são comuns a todos os homens, e a precognição não é contraditória a si mesma. Afinal, quem de nós presume que o Bem é útil e elegível, e devemos segui-lo e persegui-lo em todas as circunstâncias? E quem de nós não assume que a Justiça é bela e decente? Mas, então, quando surge a contradição? Na adaptação das precognições nos casos particulares. Quando um homem diz: "Ele fez bem, é um homem corajoso", e outro diz: "Não, pois ele agiu de forma tola", logo as disputas surgem entre os homens. Essa é a disputa entre os judeus, os sírios, os egípcios e os romanos; não diz respeito ao fato de a santidade dever ser preferida a todas as coisas e perseguida em todos os casos, porém, a ser algo santo comer carne de porco ou não. Você também encontrará tamanha disputa entre Agamenon e Aquiles quanto a acenar para que se coloquem à frente. O que você diria, Agamenon? Aquilo que é próprio e correto não deveria ser feito? "Certamente que sim". Bem, o que você diz, então, Aquiles? Você não admite que aquilo que é bom deve ser feito? "Eu, com toda certeza, admito". Portanto, adapte as suas precognições ao assunto em questão. É aqui que começa a disputa. Agamenon diz: "Eu não devo entregar Criseida ao seu pai". Aquiles diz: "Sim, você deveria". É certo que um dos dois faz uma adaptação errada da precognição de "dever" ou "obrigação". Além disso, Agamenon diz: "Então, se eu devo restaurar Criseida, é apropriado que eu tome o prêmio de alguns de vocês". Aquiles responde: "Então você a levaria para quem eu amo?". "Sim, a levá-la-ia para quem você ama". "Portanto, eu sou obrigado a ser o único homem que fica sem prêmio? E o único que não tem prêmio?". E, assim, a disputa começa.

Então o que é a educação? Ela é o aprendizado de como adaptar as precognições naturais às coisas particulares em conformidade à natureza e, assim, distinguir que, de todas as coisas, algumas estão em nosso poder, outras não. Sob o nosso poder estão a vontade e todos os atos que dela dependem; as que não estão são o corpo, as partes dele, os bens, os pais, os irmãos, os filhos, a pátria e, em geral, todos com quem convivemos em sociedade. Então em que devemos colocar o bem? A que tipo de coisas ([do grego: OUSIA]) devemos adaptá-lo? Para as coisas que estão sob o nosso poder? A saúde, então, não é uma coisa boa, a firmeza dos membros e a própria vida? E não são também os filhos, os pais e o país? Quem vai tolerá-lo se você negar tudo isso?

Portanto, transfiramos a noção de "bem" para tais coisas. É possível, então, quando um homem sofre danos e não obtém coisas boas, que ele possa ser feliz? Não. E ele consegue manter um comportamento adequado para com a sociedade? Não. Pois eu sou naturalmente criado para cuidar do meu próprio interesse. E, se é do meu interesse ter uma propriedade em Terra, também o é tirá-la do meu vizinho. Se é meu interesse ter uma roupa, também o é roubá-la depois do banho. Essa é a origem das guerras, das comoções civis, das tiranias, das conspirações. E como ainda serei capaz de manter o meu dever para com Zeus? Afinal, se eu sofrer danos e tiver azar, ele não cuidará de mim. E o que ele significa para mim se não é capaz de me ajudar? E, além disso, o que ele é para mim se me permite estar nessa condição na qual estou? Eu, agora, começo a odiá-lo. Por que, então, construímos templos, por que montamos estátuas para Zeus tanto quanto o fazemos para demônios malignos, como a Febre? E como Zeus é o Salvador, o doador da chuva e dos frutos? E, na verdade, se colocarmos a natureza do Bem em tais coisas, tudo isso se sucede.

Portanto, o que devemos fazer? Esse é o questionamento do verdadeiro filósofo que está em trabalho de parto. Agora, eu não vejo o que é o bom nem aquilo que é ruim. Eu não estou louco? Sim, está. Mas suponha que eu posicione o bem em algum lugar entre as coisas que dependem da vontade; todos vão rir de mim. Chegará um velho com muitos anéis de ouro nos dedos, ele balançará a cabeça e dirá: "Ouça, meu filho. Está certo que você deveria filosofar, mas você também deve ter cérebro; tudo isso que você está fazendo é uma bobagem. Você aprende o silogismo com os filósofos, porém sabe como agir melhor do que os filósofos". Homem, então por que você me culpa, se eu sei disso? O que eu devo dizer para esse escravo? Se eu me mantiver em silêncio, ele vai explodir. Preciso falar assim: "Perdoe-me da mesma forma como você perdoaria os amantes. Não sou o meu próprio mestre. Eu sou louco".

Como deveríamos lutar contra as circunstâncias

São as circunstâncias (dificuldades) que mostram o que os homens realmente são. Logo, quando uma dificuldade se abater sobre você, lembre-se de que Deus, assim como um treinador de lutadores, colocou você lado a lado com um jovem rude. Mas com qual propósito? Talvez você se pergunte. Ora, para que você possa se tornar um conquistador olímpico; mas isso não se realiza sem suor. Na minha opinião, homem nenhum teve dificuldade mais lucrativa do que aquela que você, se optar por fazer uso dela como um atleta o faria com um jovem adversário. Agora estamos enviando um patrulheiro para Roma, mas nenhum homem manda um patrulheiro covarde, do tipo que, caso ouça um mero barulho e veja uma sombra em qualquer lugar, retorna correndo aterrorizado e informa que o inimigo está se aproximando. Portanto, agora, se você chegar e nos disser: "O estado das coisas em Roma é temível; a morte, o exílio, a calúnia e a pobreza são terríveis; fujam, meus amigos, o inimigo está próximo", nós responderemos: "Vá embora daqui, profetize para si mesmo; apenas cometemos o erro de enviar tal patrulheiro".

Diógenes, enviado como patrulheiro antes de você, fez um relatório diferente para nós. Ele conta que a morte não é um mal, afinal, também não é vil; ele diz que a fama (reputação) é o som dos loucos. E o que esse espião disse sobre a dor, o prazer e a pobreza? Que estar nu é melhor do que vestir qualquer manto púrpura e dormir no chão puro é a cama mais macia; e como prova de cada coisa que afirma, ele dá a sua própria coragem, a tranquilidade, a liberdade, a aparência saudável e compacta de seu corpo. Não existe nenhum inimigo se aproximando, ele diz; tudo é paz. Mas como assim, Diógenes? "Veja bem, se eu fui atingido, ferido, fugi de algum homem", ele responde. É assim que um patrulheiro deveria ser. Mas você vem até nós e não para de falar. Você não voltará e verá com mais clareza uma vez que deixar de lado o medo?

Sobre o mesmo assunto

Se essas coisas são mesmo verdadeiras e se não somos tolos, se não estamos agindo como hipócritas quando dizemos que a bondade do homem está na vontade, e o mal também, que todo o resto não nos diz respeito, por que, ainda assim, ficamos perturbados? Por que, mesmo assim, ainda temos medo? As coisas com as quais nos ocupamos não estão sob o poder de nenhum homem; e as coisas que estão sob o poder dos outros, com essas não nos importamos. Então que tipo de problema nós ainda temos?

Mas me direcione. Por que eu deveria lhe dar instruções? Zeus não as deu a você? Ele não lhe ofereceu o que é seu, livre de impedimentos, e, o que não é seu próprio, sujeito a dificuldades e complicações? Então quais tipos de direções, de ordens, você trouxe depois de ir até ele? Mantenha o que é seu por todos os meios possíveis, não deseje aquilo que pertence aos outros. Fidelidade (integridade) é algo seu, a vergonha virtuosa é sua, portanto, quem pode tirar tais coisas de você? Quem mais além de você mesmo o impedirá de usá-las? Mas de que forma você age? Quando busca o que não é seu, você perde exatamente o que é seu. Uma vez sob a posse de tais sussurros e comandos vindos de Zeus, que tipo de direcionamento você ainda pede de mim? Sou mais poderoso que ele, mais digno de confiança? Mas, se você observar tais instruções, quer outras além delas? "Bem, mas ele não deu tais ordens", você dirá. Então crie as suas precognições ([do grego: PROLAEPSEIS]), desenvolva essas provas de filósofos, aquilo que você ouviu muitas vezes; crie o que você mesmo disse, o que leu, aquilo sobre o que meditou. Só assim você verá que todas essas coisas são vindas de Deus.

Se eu estabeleci a minha admiração no corpo pobre, rendi-me para ser um escravo; caso o faça em relação aos meus pobres bens, assim também faço de mim escravo. Afinal, em pouco tempo deixo claro o que é aquilo capaz de me prender; é como se a cobra atacasse a sua cabeça e eu lhe dissesse para golpear aquela parte sua que ela guarda; e você pode estar certo de que, qualquer parte que escolha proteger, seu mestre vai atacar justamente ela. Ao se lembrar disso, a quem você ainda vai bajular ou mesmo temer?

Mas eu gostaria de me sentar no mesmo lugar onde os senadores se sentam. Você percebe que está se colocando em apuros, que está se espremendo? Mas, então, como eu poderei enxergar melhor no anfiteatro? Homem, de forma alguma seja um espectador, assim você não será espremido. Por que se incomoda? Ou talvez espere um pouco e, assim que o espetáculo terminar, sente-se no lugar reservado aos senadores e, então, tome seu banho de sol. Lembre-se da seguinte verdade geral: somos nós que nos espremos, que nos colocamos em apuros; isto é, as nossas opiniões nos espremem e nos colocam em apuros. E para que se é insultado? Coloque-se ao lado de uma pedra e a insulte; o que você ganhará com isso? Se dessa mesma forma um homem ouve os insultos como uma pedra, qual proveito existe ali para o injuriador? No entanto, se o injuriador tiver como degrau (ou escada) a fraqueza daquele que está sendo injuriado, logo ele consegue realizar alguma coisa. Prive-o disso. O que você significa para ele? Agarre a sua roupa, arranque-a. Eu o insultei. Que isso faça muito bem a você.

Era essa a prática de Sócrates, a razão pela qual ele sempre tinha o mesmo semblante. Porém, nós escolhemos praticar e estudar qualquer coisa em vez dos meios pelos quais seremos livres e desimpedidos. Você diz: "Os filósofos falam paradoxos". Mas não existem paradoxos nas outras artes? E o que é mais paradoxal do que furar o olho de um homem para que ele finalmente veja? Se alguém dissesse isso para um homem ignorante quanto à arte da cirurgia, ele não ridicularizaria aquele que proferiu tal coisa? Então onde está a maravilha, se na filosofia muitas coisas que também são verdadeiras parecem paradoxais aos olhos dos inexperientes?

DE QUANTAS FORMAS AS APARÊNCIAS EXISTEM E QUE TIPO DE AJUDA DEVERÍAMOS USAR CONTRA ELAS

As aparências se mostram a nós de quatro maneiras. Porque ou as coisas aparecem como elas são; como não são e nem mesmo como parecem ser; ou elas são e não parecem ser; ou não são e, ainda assim, parecem ser. Além disso, em todos esses casos, formar um julgamento correto (atingir o objetivo) é o ofício de um homem educado. Mas seja o que for aquilo que nos aborrece (incomode), devemos aplicar um remédio a isso. Caso os sofismas de Pirro e dos acadêmicos sejam aquilo que nos incomoda (os problemas), devemos aplicar o remédio neles. Caso seja a persuasão das aparências, por meio da qual algumas coisas parecem boas quando, na verdade, não são, procuremos um remédio para isso. Se é o hábito aquilo que nos incomoda, devemos procurar ajuda contra esse hábito. Mas que ajuda contra o hábito poderíamos encontrar? O hábito contrário. Você ouve o ignorante dizer: "Aquele infeliz está morto; o pai e a mãe dele estão dominados pela tristeza; ele foi abatido por uma morte prematura e em uma terra estrangeira". Ouça a forma contrária de se falar a mesma coisa. Livre-se de tais expressões; oponha, a um hábito, ele ao contrário; pois ao sofisma se opõe a razão, a prática e a disciplina da razão; contra as aparências persuasivas (enganosas) devemos ter precognições manifestas ([do grego: *PROLAEPSEIS*]), livres de todas as impurezas e à mão.

Quando a morte parecer ser um mal, devemos ter esta regra de prontidão: o fato de que é adequado evitar coisas más e que a morte é algo necessário. Pois o que devo fazer e para onde devo escapar disso? Suponha que eu não seja Sarpedão, filho de Zeus, nem mesmo seja capaz de falar dessa forma nobre. Eu irei e estou decidido a me comportar de maneira corajosa ou a oferecer a outro a oportunidade de fazê-lo; caso eu não consiga fazer nada por mim mesmo, não vou me ressentir se outro fizer algo nobre. Suponha que agir assim esteja acima do nosso poder, não está sob o nosso poder raciocinar desse jeito? Diga-me onde posso escapar da morte, descubra para mim qual é o país, mostre-me os homens a quem devo recorrer, aqueles a quem a morte não visita. Descubra para mim um feitiço contra a morte. Se eu não tiver um, o que quer que eu faça? Eu não sou capaz de escapar da morte. E não devo escapar do medo da morte, contudo, morrerei lamentando e tremendo? Afinal, a origem da perturbação é isto: desejar algo, e que isso não aconteça. Por consequência, se posso mudar aquilo que é externo conforme o meu desejo, eu mudo; mas, se não conseguir, estou pronto para arrancar os olhos daquele que me impede. Porque a natureza do homem não é suportar a privação do bem e não suportar se render ao mal. Portanto, finalmente, quando não sou mais capaz de mudar as circunstâncias e nem de arrancar os olhos daquele que me impede, sento-me e murmuro, abuso de quem posso, de Zeus e dos demais deuses. Pois, se eles não se importam comigo, o que significam para mim? Sim, porém, você será um homem ímpio. Mas, então, em que sentido será pior para mim do que é agora? Para resumir, lembre-se de que, a menos que a piedade e o seu interesse sejam ambos a mesma coisa, a piedade não pode ser mantida em homem algum. Essas coisas não parecem necessárias (verdades)?

Sobre não devermos ter raiva dos homens e quais são as pequenas e grandes coisas entre os homens

Qual é a consequência de concordar com qualquer coisa? O fato de que parece ser verdade. Então não é possível concordar com aquilo que parece não ser verdade. Por quê? Porque esta é a natureza do entendimento: inclinar-se na direção daquilo que é verdadeiro, estar insatisfeito com o falso e, diante de questões incertas, recusar-se ao consentimento. Mas qual é a prova disso? Imagine (convença-se), se puder, que já é noite. Não é possível. Esqueça a sua persuasão de que é dia. Não é possível. Então se persuada ou arranque a sua persuasão de que as estrelas existem em número par. É impossível. Portanto, quando qualquer homem concorda com aquilo que é falso, tenha certeza de que ele não pretendia concordar com isso como sendo algo falso, afinal, toda alma é privada da verdade, como diz Platão; no entanto, a falsidade lhe parecia ser verdadeira. Bem, na forma de atos, o que temos de semelhante àquilo que temos como verdade ou falsidade? Temos aquilo que se adequa e não se adequa (dever e não dever), o lucrativo e o não lucrativo, o que convém a uma pessoa e o que não convém, e tudo o que é afim. Então um homem é capaz de pensar que uma coisa lhe é útil e, mesmo assim, não a escolher? Ele não é. Como diz Medeia mesmo?

> "É VERDADE QUE EU SEI QUE MAL EU VOU FAZER,
> MAS A PAIXÃO SUPERA ATÉ MESMO O MELHOR CONSELHO."

Ela achava que satisfazer a sua paixão e se vingar do marido era algo mais vantajoso do que poupar os filhos. E realmente era; mas ela foi enganada. Mostre a ela com clareza que está sendo enganada e ela não o fará; porém, enquanto você não mostrar, o que vai perseguir, senão aquilo que a ela parece ser (a sua opinião)? Nada além disso. Por que, então, você está zangado com a mulher infeliz, com o fato de que ela ficou confusa quanto às coisas mais importantes e se tornou uma víbora em vez de uma criatura humana? E por que não ter pena dela, se for possível, da mesma forma como temos pena dos cegos e coxos, dos que são cegos e aleijados em relação às faculdades que são supremas?

Logo, lembre-se de forma clara: para o homem, a medida de toda ação é a aparência (a opinião) dela, quer essa coisa pareça boa ou má. Se for boa, está livre de culpa; se for má, ele mesmo sofrerá a penalidade, afinal, é impossível que aquela pessoa enganada venha a ser uma e, a que sofre, outra – quem se lembrar disso não se zangará, não se aborrecerá com nenhum homem, não vai se injuriar com qualquer homem ou mesmo culpá-lo, nem mesmo odiá-lo ou brigar com qualquer homem.

Então todos esses grandiosos e terríveis feitos têm essa mesma origem, na aparência (opinião)? Sim, essa e nenhuma outra. A Ilíada nada mais é do que aparência e o uso de aparências. A Alexandre pareceu ser uma boa ideia levar a esposa de Menelau. A Helena pareceu ser uma segui-lo. Se, então, parecesse a Menelau uma vantagem ser privado da esposa, o que teria acontecido? Não só Ilíada teria sido perdida como também a Odisseia. Então coisas tão grandiosas dependiam de uma questão tão pequena? Mas o que você quer dizer com COISAS TÃO GRANDIOSAS? Guerras e comoções civis, destruição de muitos homens e cidades. E que assunto grandioso é esse? Não é nada? Mas quão grandioso é o problema de ocorrer a morte de muitos bois, muitas ovelhas; de muitos ninhos de andorinhas ou de cegonhas serem queimados ou destruídos? Essas coisas são como aquelas? Muito parecidas. Corpos de homens são destruídos, assim como corpos de bois e ovelhas; as moradias dos homens são queimadas, também os ninhos das cegonhas. E o que de grandioso ou terrível há nisso? Mostre-me a diferença entre a casa de um homem e um ninho de cegonha quanto ao fato de que ambos são habitações; exceto a distinção de que o homem constrói suas pequenas casas a partir de vigas, telhas e tijolos, e a cegonha usando gravetos e barro. Uma cegonha e um homem são como coisas? O que você diz? Em corpo são bastante parecidos.

Portanto, um homem, em nenhum aspecto, diferencia-se de uma cegonha? Não suponha que eu diga algo desse tipo; porém, não existe diferença nessas questões (as que mencionei). Então em que está a diferença? Procure e descobrirá uma diferença em outro aspecto. Veja se não está no homem a compreensão do que ele faz; veja se não está na comunidade social, na fidelidade, na modéstia, na firmeza, na inteligência. Portanto, onde está o grande bem e o mal nos homens? É nesse ponto em que se encontra a diferença. Se ela é preservada e permanece protegida, e nem mesmo a modéstia é destruída, ou a fidelidade, ou a inteligência, então o homem também é preservado; agora, se alguma dessas coisas for destruída e atacada da mesma forma como uma cidade o é, ali o homem também perece, e nisso consistem as coisas grandiosas. Você diz que Alexandre sofreu grandes danos quando os helenos invadiram e devastaram Troia; também quando seus irmãos morreram. De jeito algum, afinal, homem nenhum é prejudicado por uma ação que não seja a sua própria. Contudo, o que aconteceu a essa altura foi apenas a destruição dos ninhos das cegonhas. Mas a ruína de Alexandre foi quando ele perdeu o caráter de modéstia, a fidelidade, o respeito à hospitalidade e a decência. Quando Aquiles se arruinou? Teria sido quando Pátroclo morreu? Não, mas, sim, quando ele começou a ficar com raiva, no momento no qual chorou por uma mulher e se esqueceu de que estava em Troia não para obter amantes, mas para lutar. Tais coisas são a ruína dos homens – isso, sim, significa ser sitiado, isso é a destruição das cidades, o instante em que as opiniões corretas são destruídas, corrompidas.

Sobre constância (ou firmeza)

O ser (natureza) do bem é uma vontade certa; o ser do mal é certo tipo de vontade. Portanto, o que são os externos? Matéria-prima para a vontade, a partir da qual essa mesma vontade deve obter o seu próprio bem ou mal. Mas como obterá o bem? Se não admirar (supervalorizar) a matéria; já em relação às opiniões sobre as matérias, se não forem corretas, fazem da vontade algo bom: mas opiniões perversas e distorcidas a transformam em algo ruim. Deus fixou esta lei e disse: "Se quer algo de bom, obtenha isso de si mesmo". E você diz: "Não, mas eu vou obter de outro". Não faça isso; obtenha de você mesmo. Portanto, quando o tirano me ameaça e me chama, eu digo: "Quem você está ameaçando?". Se ele disser: "Vou acorrentá-lo", direi: "Você ameaça as minhas mãos e os meus pés". Se ele disser: "Vou cortar a sua cabeça", responderei: "Você ameaça a minha cabeça". Se ele disser: "Vou jogá-lo na prisão", direi: "Você ameaça este pobre corpo por inteiro". Se ele me ameaçar de banimento, direi a mesma coisa. Logo, ele, então, não o ameaça de maneira alguma? Se sinto que todas essas coisas não dizem respeito a mim, ele não me ameaça de nenhuma forma; porém, se eu temo qualquer uma delas, realmente é a mim que ele ameaça. Então a quem temo? O mestre do quê? O das coisas que estão sob o meu próprio poder? Esse mestre não existe. Eu temo o senhor das coisas que não estão sob o meu poder? E o que essas coisas significam para mim?

Então vocês, filósofos, ensinam-nos a desprezar os reis? Eu espero que não. Quem entre nós ensina a reivindicar deles o poder sobre as coisas que eles têm? Leve o meu pobre corpo, a minha propriedade, a minha reputação, leve aqueles que estão ao meu redor. Se eu aconselhar qualquer pessoa a reivindicar tais coisas, aí realmente podem me acusar. Sim, mas eu também pretendo comandar as suas opiniões. Mas quem lhe deu tal poder? Como você é capaz de conquistar a opinião de outro homem? "Eu vou conquistá-la ao aplicar terror a ela", ele responde. Você não sabe que a opinião vence a si mesma e não é conquistada por outro? Logo, nada mais pode conquistar a vontade, exceto ela mesma. Por isso também a lei de Deus é mais poderosa e mais justa, que é esta: "Que o mais forte seja sempre superior ao mais fraco. Dez são mais fortes que um". Por quê? Por acorrentar, matar, arrastar para onde quiserem, tirar tudo aquilo que um homem tem. Por consequência, os dez conquistam aquele em relação ao qual são mais fortes. Assim, em que aspecto os dez são mais fracos? Se um tem opiniões corretas e os outros não. Bem, logo, os dez podem vencer nessa questão? Mas como isso é possível? Se nós formos colocados na balança, o mais pesado não há de fazer a balança baixar no lado em que ele está.

Quão estranho, portanto, é o fato de que Sócrates tenha sido tratado dessa forma pelos atenienses? Escravo, por que você cita Sócrates? Fale da coisa como ela realmente é: que estranho o pobre corpo de Sócrates ter sido levado e arrastado para a prisão por homens mais fortes, e que alguém tenha dado cicuta ao pobre corpo de Sócrates, e que ele expirasse a vida. Tais coisas parecem estranhas, injustas, e por conta disso você culpa Deus por elas? Então Sócrates não tinha nada que fosse equivalente a essas coisas? Então, para ele, onde estava a natureza do bem? A quem devemos ouvir: você ou ele? E o que Sócrates diz? "Anyto e Meleto podem me matar, mas eles não podem me machucar". E, mais adiante, ele ainda diz: "Se isso agrada a Deus, que assim seja".

Mostre-me que aquele que tem princípios inferiores supera quem, em princípios, é superior. Você jamais conseguirá mostrar tal coisa nem mesmo chegará perto de mostrá-la, afinal, é da lei da natureza e de Deus o fato de que o superior deve sempre dominar o inferior. Mas em quê? Naquilo em que se é superior. Um corpo é mais forte que outro: muitos são mais fortes que apenas um; o ladrão é mais forte do que aquele que não o é. Essa é a razão pela qual eu também perdi minha lamparina, porque, quando se trata de vigília, o ladrão é superior a mim. Porém, o homem obtete a lamparina mediante tamanho custo: por conta de uma lamparina, ele se tornou ladrão, um homem infiel, semelhante a um animal. Isso foi algo que lhe pareceu ser um bom negócio. Que seja então. Porém, um homem me agarrou pelo manto e está me arrastando para a praça pública, e assim outros gritam: "Filósofo, de que serviram as suas opiniões? Veja só, você está sendo arrastado para a prisão, vai ser decapitado!". E que tipo de filosofia ([do grego: EISAGOGAEN)] eu poderia ter exercido para que, caso um homem mais forte me agarrasse pelo meu manto, eu não fosse arrastado; que, caso dez homens me agarrassem e me lançassem na prisão, eu não seria jogado ali? Logo, não aprendi mais nada? Eu aprendi a perceber que tudo aquilo que acontece e é independente da minha vontade não significa nada para mim. Talvez me questione se você não obteve nenhuma vantagem com isso. Então por que você vai em busca de vantagem em qualquer outra coisa que não seja aquilo que você aprendeu ser tal vantagem?

Você não vai deixar que as discussões ([do grego: LOGARIA]) menores sobre tais assuntos fiquem relegadas a outros, aos preguiçosos, para que eles possam se sentar em um canto e receber seu pagamento lamentável, ou mesmo resmungar que ninguém lhes dá nada; então você não se apresentará e usará aquilo que aprendeu? Pois não são esses pequenos argumentos os que se fazem necessários agora; os escritos dos estoicos estão cheios deles. Assim, qual é a coisa mais desejada? Um homem que as aplicará, alguém que, por meio de seus atos, dará testemunho das suas palavras. Eu lhe imploro que aceite tais características, as de que não podemos mais usar os exemplos dos antigos nas escolas, e, sim, obter algum exemplo que seja nosso.

A quem, então, pertence a contemplação de tais questões (investigações filosóficas)? Para aquele que tem lazer, porque o homem é um animal que ama contemplação. Entretanto, é vergonhoso contemplar tais coisas como fazem os escravos fugitivos; devemos nos sentar, como se estivéssemos em um teatro, livres de distrações, ouvindo ora o ator trágico, ora o tocador de alaúde; mas não faça como os escravos fazem. No instante em que o escravo ocupa o seu lugar, ele elogia o ator e, ao mesmo tempo, olha em volta; assim, caso alguém chame o nome de seu senhor, o escravo imediatamente fica assustado e perturbado. Para os filósofos, é vergonhoso contemplar as obras da natureza dessa maneira. Mas para que serve um mestre? O homem não é o senhor do próprio homem, mas a morte o é, e a vida, o prazer, a dor; pois, caso ele venha sem essas coisas, traga César até mim e você verá como eu sou firme. Quando ele vier munido de tais coisas, trovões e relâmpagos, e quando eu ficar com medo deles, o que fazer senão reconhecer o meu mestre como faz o escravo fugitivo? Enquanto eu tiver algum alívio desses terrores, assim como um escravo fugitivo se mantém no teatro, eu também me manterei. Eu tomo banho, bebo, canto; porém, faço tudo isso sob terror e inquietação. Mas, se eu me libertar dos meus senhores, isto é, daquelas coisas graças às quais os senhores são formidáveis, quais outros problemas eu tenho, que mestre eu ainda tenho?

Então deveríamos publicar tais coisas para todos os homens? Não, mas deveríamos nos posicionar perto do ignorante ([do grego: TOIS IDIOTAIS]) e dizer: "Este homem me recomenda aquilo que ele acredita ser bom para si mesmo. Eu o perdoo". Sócrates também perdoou o carcereiro que o acusava na prisão e chorou quando Sócrates estava prestes a beber o veneno, e disse: "Com que generosidade ele se lamenta por nós". Ele pergunta ao carcereiro se esse havia sido o motivo de eles terem mandado as mulheres embora. Não, mas diz aos seus amigos que podiam ouvir (compreender); e ele trata o carcereiro como uma criança.

Autoconfiança (coragem) não é inconsistente quando se tem cautela

Talvez, para alguns, a opinião dos filósofos pareça um paradoxo; contudo, mesmo assim, vamos analisar, da melhor forma que pudermos, se é verdade que existe a possibilidade de fazer tudo com cautela e confiança. Afinal, a cautela parece ser contrária à confiança, e os opostos não são, de maneira alguma, consistentes. O que para muitos parece ser um paradoxo quanto ao assunto em questão, na minha opinião é desse tipo; se afirmássemos que devemos empregar cautela e confiança nas mesmas coisas, os homens poderiam justamente nos acusar de juntar coisas que não podem ser unidas. Mas, então, onde está a dificuldade naquilo que é dito? Pois, se essas coisas são verdades, e por muitas vezes foram ditas e provadas, e a natureza do bem está no uso das aparências tanto quanto a do mal; e as coisas independentes da nossa vontade também não admitem a natureza do mal, ou do bem, que paradoxo é esse que os filósofos afirmam, o de que, onde as coisas não dependem da vontade deve-se empregar a confiança, mas, onde elas dependem, deve-se empregar a cautela? Se o mal consiste na má prática da vontade, a cautela deve ser usada somente quando as coisas dependem da vontade. Mas se as coisas independentes da vontade, e que não estão sob o nosso poder, não significam nada para nós, devemos confiar quando se trata delas; dessa forma, seremos cautelosos e confiantes; e, na verdade, confiantes por causa da nossa cautela, porque, ao empregar cautela quanto às coisas que são realmente ruins, isso resultará no fato de que teremos confiança quanto às coisas que não são assim.

Portanto, estamos na mesma condição dos veados; quando esses animais fogem assustados dos bandos dos caçadores, para onde eles se voltam e buscam um refúgio seguro? Eles se voltam para as redes e, assim, perecem, confundindo coisas que são objetos de medo com aquelas que não deveriam temer. E nós também agimos assim. Mas em que casos tememos? Naqueles em que as coisas são independentes da vontade. E em que casos ocorre o contrário, aqueles em que nos comportamos com confiança, como se não houvesse perigo algum? Naqueles em que as coisas são dependentes da vontade. Portanto, ser enganado ou agir de maneira precipitada, descaradamente, com desejo vil de buscar algo, isso não nos interessa de maneira alguma, apenas se acertarmos o alvo nas coisas que são independentes da nossa vontade. Porém, onde há morte ou exílio, dor ou infâmia, é dali que tentamos fugir, ali somos atingidos pelo terror. Logo, assim como esperamos que aconteça com aqueles que erram nas coisas maiores, convertemos a confiança natural (isto é, aquela em conformidade com a natureza) em audácia, desespero, temeridade, despudor; convertemos também a cautela e a modéstia naturais em covardia e mesquinhez, essas cheias de medo e confusão. Porque, se um homem depositar a cautela naquelas coisas sobre as quais a vontade pode ser exercida, bem como em atos da vontade, imediatamente, querendo ser cauteloso, ele também terá o poder de evitar aquilo que escolhe; contudo, se ele a depositar nas coisas que não estão em seu poder e vontade e, assim, tentar evitar as que estão sob o poder de outros, necessariamente ele temerá, ficará instável, perturbado; a morte ou a dor em si não são poderosas, mas o medo da dor ou o da morte o são. Por isso elogiamos o poeta, que disse:

"Não é a morte o mal, mas uma morte vergonhosa."

Portanto, a confiança (coragem) deve ser empregada contra a morte e a cautela contra o medo da morte. Mas agora façamos o contrário e empreguemos a tentativa de fuga contra a morte, e à nossa opinião sobre isso empreguemos o descuido, a imprudência e a indiferença. Sócrates costumava chamar essas coisas de "máscaras trágicas", afinal, assim como as máscaras das crianças parecem terríveis e temerosas diante da inexperiência delas, nós também somos afetados da mesma forma por certos eventos (as coisas que acontecem na vida) sob a mesma razão por meio da qual as crianças são por máscaras. O que isso significa para uma criança? Ignorância. Mas o que é uma criança? O ansiar por conhecimento. Porque, quando uma criança sabe tais coisas, ela não é inferior a nós. O que é a morte? Uma máscara trágica. Revire-a e analise-a. Veja só, ela não morde. O pobre corpo deve ser separado do espírito, seja agora ou mais tarde, da mesma forma como foi separado dele antes. Então por que você está preocupado se ele está separado agora? Porque, se não o for agora, será depois. Por quê? Para que o período do universo se complete, pois ele necessita do presente, do futuro e do passado. O que é a dor? Uma máscara. Revire-a e analise-a. A pobre carne é movida de forma grosseira e, ao contrário, suave. Se isso não o satisfizer (agradar), a porta está aberta; e, se isso acontecer, suporte (com coisas), pois a porta deve se manter aberta para todas as ocasiões; e, assim, não temos aborrecimentos.

Então qual é o fruto dessas opiniões? É aquele que deveria ser o mais nobre e conveniente para os que são realmente educados: a libertação da perturbação, do medo. A liberdade. Pois nessas questões não devemos acreditar nos muitos que dizem que os livres devem apenas ser educados; antes, devemos acreditar nos filósofos que afirmam ser livres apenas os educados. Mas como isso se dá? Desta maneira: a liberdade é outra coisa além do poder de viver como escolhemos? Nada mais do que isso. Então digam-me, homens: vocês desejam viver no erro? Porque nós, não. Logo, ninguém que vive no erro é livre. Você deseja viver com medo? Na tristeza? Deseja viver sob perturbação? De jeito nenhum. Destarte, ninguém que esteja sob um estado de medo, tristeza ou perturbação é livre; porém, aquele que se livra das tristezas, dos medos e das perturbações, ao mesmo tempo também se liberta da servidão. Então como podemos continuar a acreditar em vocês, caríssimos legisladores, quando dizem: "Só permitimos que pessoas livres sejam educadas"?. Pois os filósofos dizem: "Nós não permitimos que ninguém seja livre, exceto os educados", isto é, Deus não permite tal coisa. Então, quando um homem coloca seu próprio escravo diante do pretor, ele não fez nada? Ele fez alguma coisa. Mas o quê? Ele virou o seu próprio escravo diante do pretor. E ele não fez mais nada além disso? Sim: ele também é obrigado a pagar por ele o imposto chamado "vigésimo". Pois bem, o homem que passou por tal cerimônia não está livre? Não mais do que quando ele se liberta de perturbações. Você, que é capaz de se colocar diante do pretor por conta própria (livre), não tem um mestre? Não seria o dinheiro o seu senhor, ou mesmo uma menina ou um menino, talvez algum tirano ou algum amigo de um tirano? Então por que você se incomoda quando está indo rumo a qualquer provação (perigo) desse tipo? É por isso que muitas vezes eu digo: estude e mantenha à mão os princípios pelos quais você pode determinar quais são as coisas perante as quais você deve ser cauteloso: corajoso naquilo que independe da sua vontade, cauteloso no que dela depende.

Sobre tranquilidade
(ser livre de perturbação)

Você, que está indo para o tribunal, considere o que deseja manter e o que deseja que tenha sucesso, pois, se você deseja manter uma vontade em conformidade com a natureza, então já tem todas as seguranças, as facilidades; não tem quaisquer problemas. Afinal, se você deseja manter o que está sob seu próprio poder e é naturalmente livre, e se está satisfeito com isso, com o que mais você se importa? Portanto, quem é o mestre dessas coisas? Quem pode tirá-las de você? Se optar por ser modesto e fiel, quem não permitirá que você o seja? Se escolher não ser restringido ou mesmo compelido, quem o obrigará a desejar aquilo que acha que não deve desejar? Quem o obrigará a evitar o que não acha adequado evitar? Mas o que você diz? O juiz determinará contra você algo que a ele pareça ser algo temível; porém, determinará que você também deveria sofrer ao tentar evitá-lo. Como ele poderia fazer algo do tipo? Portanto, no instante em que a busca de objetos e o ato de evitá-los estiverem em seu poder, com o que mais você se importa? Que esse seja seu prefácio; essa, a sua narrativa, a sua confirmação, a sua vitória, o seu discurso breve de conclusão, e esse seu aplauso (ou a aprovação que você receberá).

Por isso Sócrates disse a alguém que o lembrava de se preparar para o julgamento: "Então você não acha que eu me preparei para isso durante toda a minha vida?". Mas que tipo de preparação? "Eu mantive o que sempre esteve sob o meu próprio poder". Mas como? "Nunca fiz nada que fosse injusto, nem na minha vida privada nem na pública".

Mas se você deseja manter também os objetos externos, seu pobre corpo, sua pequena propriedade e sua pequena apreciação, eu o aconselho, a partir de agora, a fazer toda preparação possível e, em seguida, considerar tanto a natureza do seu juiz quanto a do seu adversário. Se for necessário abraçar os seus joelhos, assim o faça; se for essencial chorar, chore; se precisar gemer de dor, gema. No instante em que você tiver submetido o que é seu ao exterior, então seja o escravo e não resista, não escolha às vezes ser escravo e por outras não o ser; com toda a sua mente, seja um ou outro, seja livre ou escravo, instruído ou não instruído, alguém bem-educado ou mesquinho, ou suporte ser espancado até morrer, ou se renda imediatamente, e não opte por receber muitos açoites e depois ceder. Mas se essas coisas são básicas, determine imediatamente. Onde está a natureza do mal e do bem? No mesmo lugar em que está a verdade: onde ela está e também está a natureza, ali há cautela; onde está a verdade, há coragem onde a natureza está.

Por isso também é ridículo dizer: "Sugira-me algo (diga-me o que fazer)". Mas o que eu devo sugerir para você? Bem, molde a minha mente de modo que ela se adeque a qualquer evento. Isso é exatamente o mesmo que aconteceria se um homem que ignora as letras dissesse: "Diga-me o que escrever assim que qualquer nome me for proposto". Se eu lhe disser para escrever DIÃO, e depois outro vier e lhe pedir que escreva não DIÃO, mas THEON, o que você fará? O que vai escrever? Porém, se você praticou a escrita, também está preparado para escrever (ou fazer) qualquer coisa que se faça necessária. Se não o é, o que eu posso sugerir agora? Pois, se as circunstâncias demandarem outra coisa, o que você dirá ou fará? Portanto, lembre-se desse preceito geral e não precisará de quaisquer sugestões. Mas se você ficar boquiaberto diante das coisas externas, deve necessariamente andar de um lado para o outro em obediência à vontade do seu mestre. Mas quem é esse mestre? Aquele que tem o poder sobre as coisas que você procura obter ou mesmo tentar evitar.

Como a magnanimidade é consistente com a cautela

As próprias coisas (materiais) são indiferentes; porém, o uso delas não é algo indiferente. Então como um homem é capaz de preservar a firmeza e a tranquilidade e, ao mesmo tempo, ser cauteloso e não temerário, ou mesmo negligente? Imitando aqueles que jogam dados. Os que contam o jogo são indiferentes; os dados são indiferentes. Como saber qual será o número lançado? Usar com cautela e destreza o lançamento dos dados, esse é o meu segredo. Assim, na vida, o principal segredo também é este: distinguir e separar as coisas, e dizer: aquilo que é externo a mim não está sob o meu poder; a vontade está sob o meu poder. Então onde devo buscar o bem e o mal? Dentro, nas coisas que são minhas. E, aquilo que não pertence a você, não chame de "bom" ou "ruim", "lucro" ou "dano", de qualquer coisa do tipo.

Então o quê? Nós deveríamos fazer uso de tais coisas de uma forma descuidada? De maneira alguma porque isso, por outro lado, é ruim para a faculdade da vontade e, por conseguinte, contra a natureza; no entanto, devemos agir com cautela, porque o uso delas não é indiferente, e também devemos agir com firmeza e livres de perturbações, porque o que é material é indiferente. Onde o material não é indiferente, homem nenhum consegue me impedir ou compelir; onde é possível que eu seja impedido e compelido, obter essas coisas não está sob o meu poder nem é algo bom ou ruim; mas, sim, o uso é ruim ou bom, e, o uso que faço disso, esse está sob o meu poder. No entanto, é difícil misturar e reunir ambas as coisas – a cautela de quem é afetado pelo assunto (ou as coisas sobre ele) e a firmeza de quem não tem consideração por isso; mas não é algo impossível; se o for, então a felicidade é impossível. Mas devemos agir da mesma forma como agimos no caso de uma viagem. O que eu posso fazer? Posso escolher o comandante do navio, os marinheiros, o dia da partida, a oportunidade. Mas eis que surge uma tempestade. Do que mais eu tenho que cuidar? Aquilo que cabe a mim está feito. O objeto externo pertence a outro, o mestre. Mas o navio está afundando – o que devo fazer nesse caso? A única coisa que posso: não me afogar de medo nem gritar ou culpar Deus; mas saber que aquilo que foi produzido também há de perecer, pois não sou um ser imortal e, sim, um homem, uma parte do todo, como uma única hora faz parte de todo um dia – eu devo estar presente como a hora e ter passado como ela. Portanto, que diferença faz para mim a forma como eu morro, sufocado ou por conta de uma febre, pois devo perecer por quaisquer desses motivos.

Então como se diz que algumas coisas externas são de acordo com a natureza e outras são contrárias? Da mesma forma se diz como seria caso estivéssemos apartados da união (ou da sociedade): assim como está em conformidade com a natureza o fato de um pé estar limpo. Mas se você o considerar um pé que não está separado do todo (independente), convém tanto pisar na lama quanto nos espinhos, como também, às vezes, até mesmo ser cortado em prol do bem do corpo inteiro; caso contrário, ele já não é mais um pé. Deveríamos pensar sobre nós mesmos dessa forma também. O que você é? Um homem. Se você se considera à parte dos demais homens, está de acordo com a natureza viver até ficar velho, ser rico, saudável. Mas se você se considera um homem que faz parte de determinado todo, é justamente por causa desse todo que ora você pode ficar doente, ora fazer uma viagem e correr perigo, e em outro momento querer algo, ou até mesmo em outro morrer prematuramente. Por que, então, você se sente incomodado? Não sabe que, assim como um pé não é mais um pé se estiver separado do corpo, você também não é mais um homem se estiver separado dos outros homens? E para que serve um homem? Uma parte de um estado, daquele primeiro que consiste em deuses e homens; e depois daquele de quando se é chamado para próximo dele, que não passe de uma pequena imagem do estado universal. Mas, então, o que eu devo levar para julgamento? O outro é quem deve ter febre, navegar no mar, morrer e ser condenado? Sim, porque é impossível em tal universo de coisas, entre tantos convivendo entre si, que essas coisas não aconteçam, umas com as outras e outras com umas. Portanto, é seu dever, desde que você chegou aqui, dizer o que deve, organizar tais coisas da maneira como for conveniente. E logo alguém diz: "Vou acusar você de fazer mal para mim". Pois muito bem isto pode fazer para você: eu fiz a minha parte; se você também fez a sua, precisa enxergar isso, pois há, aí, certo perigo também, o de escapar da sua percepção.

Sobre a indiferença

A proposição hipotética é indiferente: mas o julgamento sobre ela não o é, e, sim, conhecimento, opinião ou erro. Dessa forma, a vida é indiferente, mas o uso que se faz dela não o é. Quando alguém lhe disser que essas coisas também são indiferentes, não seja negligente; quando um homem o convidar a ser cauteloso (com tais coisas), não se torne abjeto e impactado pela admiração diante das coisas materiais. E é bom que você conheça a sua própria preparação e o seu próprio poder para que, nos assuntos para os quais você não foi preparado, possa se manter calado e não se aborrecer caso outros tenham vantagem sobre você. Pois em silogismos você também alegará ter vantagem sobre eles; se outros ficarem irritados com isso, você os consolará, dizendo: "Eu aprendi sobre eles e você, não". Dessa forma, onde também houver a necessidade de qualquer prática, não se coloque em busca daquilo que é adquirido a partir da necessidade (de tal prática). Nesse assunto, dê lugar àqueles que o praticaram e se satisfaça com a firmeza da mente.

Vá e saúde determinada pessoa. Como? Não seja mesquinho. Porém, eu fui excluído porque não aprendi a passar pela janela; no instante em que eu encontrar a porta fechada, devo voltar ou entrar pela janela. Mas ainda fale com ele. E de que forma? Não seja mesquinho. No entanto, suponha que você não conseguiu o que queria. Esse fardo era seu, e não o dele? Então por que você reivindica aquilo que pertence a outra pessoa? Lembre-se sempre do que é seu e do que pertence ao outro, dessa forma, não se perturbará. Por isso, bem disse Crisipo: enquanto as coisas futuras se mantêm incertas, eu sempre me apego àquelas que são mais adaptadas à conservação daquilo que é de acordo com a natureza, afinal, o próprio Deus me deu a faculdade de ter tal escolha. Contudo, se eu soubesse que estava fadado (na ordem das coisas) a ficar doente, até mesmo me aproximaria disso, porque também o pé, caso tivesse inteligência, mover-se-ia a fim de entrar na lama. Por que as espigas de milho são criadas? No fim, elas podem ficar secas, não? Mas elas não ficam secas justamente para serem colhidas? Afinal, não estão separadas da comunhão com outras coisas. Portanto, caso tivessem percepção, haveriam de desejar nunca serem colhidas? Mas espigas de milho que jamais serão colhidas são uma maldição. Logo, devemos saber que, também no caso dos homens, não morrer é uma maldição, assim como não amadurecer e não ser ceifado. Porém, diante do fato de que devemos ser ceifados e por sabermos que fomos ceifados, ficamos aborrecidos com isso, pois não sabemos o que somos e nem estudamos aquilo que pertence ao homem, como aqueles que estudaram os cavalos sabem exatamente o que pertence aos cavalos. Todavia, Crisantas, quando foi atacar o inimigo, conteve-se ao ouvir a trombeta soar para bater em retirada; por isso, parecia-lhe mais prudente obedecer à ordem do general do que seguir a sua própria inclinação a ir embora. Mas nenhum de nós escolhe, mesmo quando a necessidade assim exige, obedecer de prontidão, e, sim, aos prantos, gemendo em sofrimento, e chamamos isso de "circunstâncias". Mas que tipo de circunstâncias, homem? Se você dá o nome de "circunstâncias" àquelas coisas que estão ao seu redor, todas, por consequência, são circunstâncias; agora, se chama as dificuldades de "circunstâncias", que sofrimento existe na morte daquilo que foi criado? Mas o que causa a destruição é uma espada, uma roda, o mar, uma telha ou mesmo um tirano. E por que você se importa com a maneira por meio da qual vai descer ao Hades? Todos os caminhos são iguais. Porém, se você ouvir a verdade, o caminho pelo qual o tirano guia você é mais curto. Um tirano nunca demorou seis meses para matar um homem; mas a febre costuma durar um ano. Todas essas coisas são meros som e ruído de nomes vazios.

Como devemos usar a adivinhação

Por uma consideração irracional no que tange à adivinhação, muitos de nós omitimos inúmeros deveres. Afinal, o que mais o adivinho é capaz de ver do que a morte, o perigo, a doença e coisas afins? Então, se eu devo me expor ao perigo por um amigo, e se é meu dever inclusive morrer por ele, que utilidade a adivinhação tem para mim? Eu não tenho um adivinho dentro de mim, que tenha me dito a natureza do bem e do mal, e tenha me explicado os sinais (ou as marcas) de ambos? Logo, qual a necessidade de consultar as vísceras das vítimas abatidas ou o voo dos pássaros? Por que eu acabo me rendendo quando ele diz: "Isso é do seu interesse?". Pois ele sabe o que é do meu interesse, o que é bom; e como compreendeu os sinais a partir das vísceras ao mesmo tempo em que aprendeu a ler os sinais do bem e do mal? Se ele reconhece tais sinais, conhece também tanto os símbolos do que é belo quanto daquilo que é feio, do justo e do injusto. Pois, então, diga-me, homem: qual é o significado disso para mim? Vida ou morte, pobreza ou riqueza? Contudo, se essas coisas são ou não do meu interesse, eu não pretendo perguntar a você. Por que não dá a sua opinião sobre questões de gramática, mas as dá no que diz respeito às coisas nas quais todos nós erramos e sobre as quais discutimos uns com os outros?

O que nos leva a um uso frequente da adivinhação? A covardia, o pavor diante do que vai acontecer. Essa é a razão pela qual tanto bajulamos os adivinhos. "Por favor, mestre, eu obterei sucesso na propriedade do meu pai?". Vejamos: façamos um sacrifício sobre o assunto. "Sim, mestre, como a sorte bem escolher". Quando ele diz: "Você obterá sucesso na herança", nós lhe agradecemos como se tivéssemos recebido a herança das mãos dele. A consequência é que eles brincam conosco.

Logo, você não vai procurar no animal racional a natureza do bem? Se não estiver lá, você não escolherá afirmar que, na verdade, ela existe em qualquer outra coisa (planta ou animal). Então o quê? As plantas e os animais também não são obras de Deus? São, mas não coisas superiores nem mesmo partes dos deuses. Mas você é uma coisa superior, uma porção que foi separada da Deidade; você tem em si determinada parte dela. Então, por que você é ignorante quanto à sua própria descendência nobre? Por que não sabe de onde veio? Não vai se lembrar de quem você é quando estiver comendo; quem come ali e a quem você alimenta? Quando você está em relações sociais, exercitando-se, envolvido em discussões, não sabe que, enquanto o faz, está nutrindo um deus, exercitando um deus? Pobre de você que está carregando um deus dentro de si e não sabe disso. Acha que eu me refiro a algum deus de prata ou de ouro, um que seja externo? Você o carrega dentro de si e não percebe que o polui com pensamentos impuros e atitudes sujas. Se uma imagem de Deus se fizesse presente, você não ousaria fazer nenhuma das coisas que está fazendo; todavia, quando o próprio Deus está presente dentro de você, vê e ouve tudo, você não se envergonha de pensar e fazer tais coisas, ignorante como é quanto à sua própria natureza e sujeito à ira de Deus. Logo, por que, quando estamos mandando um jovem da escola para a vida na prática, tememos que ele faça ou coma algo impróprio, que tenha relações sexuais impróprias com mulheres, e que os trapos com os quais se veste não o rebaixem e que as roupas finas não o deixem orgulhoso? Esse jovem (se ele age dessa forma) não conhece o seu próprio Deus, ele não sabe com quem sai (para o mundo). Mas nós conseguimos suportar quando ele diz: "Eu gostaria de ter você (Deus) comigo". Você não tem Deus contigo? E procura por algum outro quando o tem? Ou Deus lhe dirá alguma coisa a mais do que isso? Se você fosse uma estátua de Fídias, de Atena ou de Zeus, pensaria tanto em você quanto no artista, e, se tivesse algum entendimento (poder de percepção), tentaria não fazer nada que fosse indigno daquele que o criou ou até de si mesmo. Tente não aparecer usando uma vestimenta imprópria (atitude) para aqueles que olham para você. Mas, agora, porque Zeus fez você, por isso não importa como vai aparecer? No entanto, o artista, em um caso, é como o artista no outro? Ou é o trabalho dele em ambos os casos? E que obra de um artista, por exemplo, tem em si as faculdades que o artista exibe ao criá-la? Ela não é feita de mármore ou bronze, ouro ou marfim? E a Atena de Fídias, uma vez estendida a mão e nela depositada o símbolo da Vitória, nessa atitude permanece para sempre. Porém, as obras de Deus têm poder de movimento, elas respiram, têm a faculdade de usar as aparências das coisas e o poder de analisá-las. Sendo obra de tamanho artista, você o desonra? E direi o seguinte: considerando não só o fato de que Ele criou você, mas também o confiou a si mesmo e fez de você um depósito para si mesmo? Você não vai pensar sobre isso também, contudo, do mesmo modo desonra a sua tutela? Se Deus tivesse confiado um órfão aos seus cuidados, você o negligenciaria? Ele se entregou aos seus próprios cuidados e disse: "Eu não tinha ninguém mais adequado a quem confiá-lo além de você; cuide dele para mim como ele é por natureza: modesto, fiel, reto, corajoso, livre de paixões e perturbações". E, então, você cuida dele dessa forma.

Mas alguns ainda dirão: de onde esse sujeito tirou tamanha arrogância que exibe e esses olhares tão arrogantes? Ainda não é o alto nível de seriedade que convém a um filósofo, pois não sinto confiança naquilo que aprendi e no que assimilei. Ainda temo a minha própria fraqueza. Deixe-me ter confiança e, então, você verá o semblante e a atitude que eu deveria ter; dessa forma, mostrarei a estátua a você no instante em que ela tiver sido aperfeiçoada, quando for polida. Mas o que você espera? Um semblante arrogante? Por acaso Zeus, no Olimpo, ergue a sobrancelha? Não, o seu olhar é fixo da maneira como convém a quem está pronto para dizer:

A MINHA PALAVRA É IRREVOGÁVEL E NÃO FALHARÁ.

ILÍADA, I., 526

E é dessa forma que me mostrarei a você: fiel, modesto, nobre, livre de perturbações. O que mais? Imortal também, exceto pela velhice e pela doença? Não, mas a morte de como se morre um deus, a doença de como se adoece um deus. Esse poder eu tenho, isso eu sou capaz de fazer. Mas o resto eu não tenho nem consigo fazer. Vou exibir os nervos (a força) de um filósofo. Mas que nervos são esses? Um desejo que jamais é decepcionado, uma aversão que nunca recai sobre aquilo que ele evitaria, uma busca adequada ([do grego: HORMAEN]), um propósito diligente, um consentimento que em nada é precipitado. Tais coisas você verá.

Quando não somos capazes de cumprir aquilo que o caráter do homem promete, adotamos o de um filósofo

Não é algo comum (fácil) fazer isto: cumprir a promessa da natureza de um homem. Para que serve um homem? A resposta: ele é um ser racional e mortal. Portanto, é pela faculdade racional de quem que estamos separados? Das feras selvagens. E de que outros? Das ovelhas e dos animais semelhantes. Então tome cuidado para não fazer nada como se fosse uma fera; se o fizer, você perdeu o caráter de um homem, não cumpriu a sua promessa. Você não age em nada parecido com uma ovelha, mas, se o fizesse, também o homem estaria perdido. E o que fazemos que se assemelha à atitude das ovelhas? Quando agimos com gula, lascivamente, de forma precipitada, imunda, imprudente, ao que estamos recusando? As ovelhas. O que perdemos? A faculdade racional. Quando agimos de forma contenciosa, prejudicial, apaixonada e violenta, a que nos assemelhamos? Aos animais selvagens. Por consequência, alguns de nós são enormes animais selvagens, outros pequenos, de mau caráter e apequenados, de um lugar a partir de onde podemos dizer: "Deixe-me ser devorado por um leão". Mas de todas essas maneiras, sejam elas quais forem, a promessa de um homem agindo como tal é destruída. Em que momento uma proposição conjuntiva (complexa) é mantida? Quando cumpre o que a sua natureza promete, de modo que a preservação de uma proposição complexa aconteça no instante em que ela se torna uma conjunção de verdades. E quando uma disjuntiva é mantida? No momento em que cumpre aquilo que promete. Quando as flautas, uma lira, um cavalo, um cachorro são preservados? (quando individualmente eles mantêm a sua promessa). Portanto, qual é a maravilha se o homem, também dessa mesma maneira, for preservado e igualmente for perdido? Cada homem é aperfeiçoado e preservado por meio de atitudes correspondentes – o carpinteiro por atos de carpintaria, o gramático por atos de gramática. Todavia, caso um homem se acostume a escrever de uma forma não gramatical, necessariamente a sua arte será corrompida e destruída. Assim, as ações modestas preservam o homem modesto e as contrárias a isso o destroem; bem como as de fidelidade preservam o homem fiel e as ações contrárias o destroem. Por outro lado, as ações contrárias fortalecem as características opostas: a falta de vergonha fortalece o homem sem vergonha; a falta de fé, o homem infiel; as palavras abusivas, aquele que é abusivo; a raiva, quem tem o temperamento raivoso; o recebimento e a doação desiguais tornam o homem avarento ainda mais avarento.

Por essa mesma razão, os filósofos nos aconselham a não nos contentarmos apenas com o aprendizado, mas também acrescentarmos o estudo e, depois, a prática. Há muito tempo estamos acostumados a fazer coisas contrárias e colocamos em prática as opiniões opostas às verdadeiras. Logo, se também não pusermos em prática as opiniões corretas, não passaremos de meros expositores das opiniões alheias. Por enquanto, quem de nós não é capaz de discursar segundo as regras da arte sobre as coisas boas e más (dessa maneira)? Sobre isso, algumas coisas são boas e outras más, e algumas delas são indiferentes; as boas, portanto, são virtudes, e as que participam das virtudes; e as más são o contrário; as indiferentes são riqueza, saúde, reputação. Então, se no meio da nossa conversa se der algum barulho que seja mais alto do que o habitual, ou alguns dos presentes rirem de nós, perturbamo-nos. Filósofo: onde estão as coisas sobre as quais você falava antes? A partir do que você as criou e, então, pronunciou? Dos lábios, e somente a partir daí. Então por que você corrompe as ajudas oferecidas pelos outros? Por que trata os assuntos mais importantes como se estivesse brincando de dados? Uma coisa é guardar pão e vinho como se faz em um armazém e outra coisa é comer. Aquilo que uma vez foi comido é digerido, distribuído e se torna tendões, carne, ossos, sangue, uma cor de pele saudável, respiração saudável. O que quer que esteja sendo armazenado, uma vez que você escolher, consegue facilmente pegá-lo e mostrá-lo; no entanto, você não obtém nenhuma outra vantagem com isso, exceto na medida em que parece possuí-lo. Qual é a diferença entre explicar tais doutrinas e as de homens que têm opiniões diferentes? Pois, então, sente-se e explique segundo as regras da arte as opiniões de Epicuro, e talvez dessa forma consiga explicar as suas opiniões de uma forma mais útil do que o próprio Epicuro. Por que, então, você se considera um estoico? Por que engana tantas pessoas? Por que desempenha o papel de um judeu quando, na verdade, é grego? Você não percebe como (por que) cada um é chamado de judeu, sírio ou egípcio? Quando vemos um homem inclinado aos dois lados, costumamos dizer: ele não é judeu, mas age como um. Todavia, quando assumiu os afetos de alguém que foi imbuído da doutrina judaica e adotou tal seita, ele, de fato, passa a ser chamado de judeu.

COMO PODEMOS DESCOBRIR
OS DEVERES DA VIDA A PARTIR DOS NOMES

Considere quem você é. Em primeiro lugar, um homem; aquele que não tem nada que seja superior à faculdade da vontade, porém todas as outras coisas sujeitas a ela; e essa própria faculdade não é escravizada e livre de sujeição. Considere, portanto, de quais coisas você foi separado graças à razão. Você foi separado dos animais selvagens, dos animais domésticos ([do grego: PROBATON]). Além disso, você é um cidadão do mundo, uma parte dele, não uma das partes subservientes (servindo), e, sim, uma das principais (governantes), pois você é capaz de compreender a administração divina e considerar a conexão entre as coisas. Logo, o que o caráter de um cidadão promete (professa)? Manter nada tão lucrativo para si mesmo, deliberar sobre nada como se estivesse à parte da comunidade, e agir como a mão ou o pé agiriam caso fossem providos de racionalidade e entendessem a constituição da natureza; pois nunca se colocariam em movimento nem desejariam outra coisa que não se referenciasse ao todo. Portanto, dizem bem os filósofos, que, se o homem bom tivesse um conhecimento prévio do que aconteceria, ele apenas cooperaria para a sua própria doença, morte e mutilação, pois sabe que tais coisas lhe são atribuídas em conformidade com o arranjo universal; e que o todo é superior à parte; o Estado, ao cidadão. Porém, agora, porque não conhecemos o futuro, é nosso dever nos atermos às coisas que por natureza são mais adequadas à nossa escolha, afinal, fomos criados, entre outras coisas, para isso.

E, depois disso, lembre-se: você é um filho. Mas o que esse papel promete? Considere que tudo aquilo que é do filho pertence ao pai; deve obedecer-lhe em todas as coisas, nunca culpar outra pessoa por elas nem dizer ou fazer qualquer coisa que o prejudique; ceder a ele em todas as coisas e se render, cooperando com ele tanto quanto puder. Depois disso, saiba que você também é um irmão, e que a esse papel cabe fazer concessões: ser facilmente persuadido, falar bem de seu irmão, jamais reivindicar em oposição a ele qualquer das coisas que independem da vontade, e prontamente desistir delas para que você seja capaz de ter maior participação naquilo que depende da vontade. Perceba que, em vez de uma alface, caso aconteça dessa forma, ou mesmo um assento, você ganhasse para si a bondade da disposição. Quão grande é tamanha vantagem.

Além disso, se você é o senador de qualquer Estado, lembre-se de que o é; se um jovem, que o é; se um homem velho, que o é; para cada um desses títulos, se vier a ser analisado, determine os deveres próprios. Porém, se for culpar seu irmão, eu lhe digo que se esqueceu de quem você é e qual é o seu papel. Em seguida, se você fosse um ferreiro e usasse o martelo de forma errada, teria esquecido que é o ferreiro; se esqueceu que é o irmão, em vez de sê-lo, você se tornou um inimigo. Nesse caso, não parece ter mudado uma coisa por outra? E se, em vez de um homem, animal manso e social, você se tornasse uma fera travessa, traiçoeira e que morde, você não perderia nada? Mas (suponho) que você deva perder um pouco de dinheiro para que possa sofrer quaisquer danos? E a perda de mais nada se faz prejudicial ao homem? Se você tivesse perdido a arte da gramática ou da música, acharia que a perda seria um dano? E se você perdesse a modéstia, a moderação ([do grego: CHTASTOLAEN]) e a gentileza, acha mesmo que essa perda não significa nada? E, contudo, as coisas mencionadas primeiro são perdidas por algum motivo externo e que independe da vontade, e as segundas é por nossa própria culpa, quanto às primeiras, tê-las ou perdê-las é algo vergonhoso, no entanto, no que diz respeito às segundas, não as ter e perdê-las é vergonhoso, motivo de reprovação e infortúnio.

O que fazer, então? Eu não devo ferir aquele que me feriu? Em primeiro lugar, considere o que significa ferir ([do grego: BLABAE]) e lembre-se daquilo que você ouviu dos filósofos. Porque, se o bem consiste na vontade (finalidade, intenção, [do grego: PROAIREEIS]) e o mal também está na vontade, veja se o que você diz não é isto aqui: "O que fazer, então, já que aquele homem se prejudicou fazendo uma injustiça para comigo? Não me machucaria cometer algum ato injusto contra ele?". Por que não imaginamos por conta própria (reflexão em pensamento) algo desse tipo? Mas onde há algum dano cometido ao corpo ou à nossa posse há prejuízo; onde a mesma coisa acontece com a faculdade da vontade, não existe ali (você supõe) nenhum dano, afinal, aquele que foi enganado ou cometeu um ato injusto não sofre com isso na cabeça, nos olhos, no quadril, ou mesmo perde seus bens; e nós não desejamos nada além de (segurança para) tais coisas. Porém, se temos a vontade modesta e fiel, ou até desavergonhada e infiel, não nos importamos nem um pouco, exceto na escola apenas, quanto a algumas palavras. Logo, a nossa proficiência está limitada a essas poucas palavras; contudo, além delas não existe, nem no menor grau.

QUAL É O COMEÇO DA FILOSOFIA

O começo da filosofia, pelo menos para quem é introduzido nela da maneira certa e pela porta, é a consciência da sua própria fraqueza e incapacidade em relação às coisas necessárias, porque viemos ao mundo sem a noção natural de um triângulo, um retângulo ou mesmo de uma sustenido (um quarto de tom musical), ou de um meio-tom; todavia, aprendemos cada uma dessas coisas por meio de certa transmissão que está de acordo com a arte; por isso, quem não os conhece não pensa que os faz. Mas, quanto ao bem e ao mal, ao belo e ao feio, ao decente e ao impróprio, à felicidade e ao infortúnio, ao apropriado e ao impróprio, ao que devemos fazer e ao que não devemos fazer, quem já chegou ao mundo sem ter um ideia inata de tais coisas? Por consequência, todos nós usamos esses nomes e nos esforçamos para ajustar os preconceitos aos incontáveis casos (coisas), como os seguintes: ele fez bem, ele não fez bem; ele fez como deveria ser feito, não fez como deveria; ele foi azarado, ele foi sortudo; ele é injusto, ele é justo. Quem não usa esses adjetivos dessa forma? Quem entre nós adia o uso deles até que os tenha finalmente aprendido, da mesma forma como ele adia o uso das palavras sobre linhas (figuras geométricas) ou sons? E a causa disso é que viemos ao mundo já sabendo por natureza algumas coisas sobre esse assunto ([do grego: TOPON]), e a partir delas acrescentamos às próprias a presunção ([do grego: OIAESIN]). O homem diz: por que eu não conheço o belo e o feio? Não tenho noção disso? Você tem. Não adapto isso a particularidades? Adapta, sim. Não o adapto da forma adequada? Eis aí toda a questão; e acrescente a presunção aqui porque, a partir dessas coisas uma vez admitidas, os homens passam para aquilo que é objeto de disputa por meio de adaptação inadequada, afinal, se eles tivessem tal poder de adaptação além dessas coisas, o que os impediria de serem perfeitos? Mas, agora, já que você pensa que adapta adequadamente os preconceitos às particularidades, diga-me de onde você tira isso (suponha que você o faça). Porque eu acho que o faz. No entanto, para outro não parece, e ele pensa que também faz uma adaptação adequada disso; ou ele não pensa dessa forma? Ele pensa assim. Portanto, é possível que ambos possam aplicar de maneira adequada os preconceitos a coisas sobre as quais vocês têm opiniões contrárias? Não é possível. Você, então, é capaz de nos mostrar algo que seja melhor para adaptar os preconceitos além do seu pensamento de que você o faz? O louco faz outras coisas além daquelas que lhe parecem corretas? Então esse critério também é suficiente para ele? Não é. Aproxime-se de algo que seja superior à aparência ([do grego: TOU DOCHEIN]). Mas o que é isso?

Observe, esse é o início da filosofia, uma percepção do desacordo dos homens entre si, além de uma análise sobre a causa do desacordo, uma condenação e uma desconfiança daquilo que apenas "parece ser", e certa análise do que "parece" se "parecer" corretamente; bem como uma descoberta de determinada regra ([do grego: CHANONOS]), como quando descobrimos uma balança na determinação de pesos, uma regra de carpinteiro (ou quadrado) no caso de retas e das coisas tortas – esse é o início da filosofia. Então devemos dizer que todas as coisas que parecem de tal maneira a todos estão certas? E como é possível que as contradições estejam certas? – Nem todas estão, com exceção de todas as que nos parecem estar certas. – O quanto mais certas para você do que aquelas que parecem aos sírios? Por que mais certas do que parece aos egípcios? Por que mais do que parece a mim ou a qualquer outro homem? Nem um pouco mais. Logo, o que "parece" a todo homem não é suficiente para determinar o que realmente "é", pois nem no caso de pesos e medidas estamos satisfeitos com a simples aparência, porém em cada um desses casos descobrimos determinada regra. Portanto, no que diz respeito a esse assunto, não existe regra superior para o que "parece"? E como é possível que as coisas mais necessárias entre os homens não tenham sinal (uma marca) e sejam incapazes de ser descobertas? Então, aí existe certa regra. E por que não procuramos a regra e a descobrimos, e depois a usamos sem nos desviar dela, nem mesmo estendendo um dedo sequer sem ela? Pois, penso eu, que isso seja aquilo que, quando descoberto, cura da sua loucura todos os que usam a mera "aparência" como forma de medida, e fazem mau uso dela; de modo que, para o futuro procedente de certas coisas (os princípios) conhecidas e que são esclarecidas, podemos usar isso quando se trata das coisas particulares; os preconceitos são fixados de maneira distinta.

Qual é o assunto apresentado a nós e sobre o qual estamos questionando? O prazer (por exemplo). Submeta-o à regra, coloque-o na balança. O bem deveria ser algo que, de tal maneira, é adequado para que tenhamos confiança nele? Sim. Também naquilo que deveríamos confiar? Deveria ser. É adequado confiar em algo que seja inseguro? Não. Então o prazer é uma coisa segura? Não. Então pegue-o e o arranque da balança, leve-o para longe do lugar onde estão as coisas boas. Mas se você não for perspicaz e não houver um equilíbrio suficiente para você, traga outro. É adequado para ser exaltado sobre aquilo que é bom? Sim. Portanto, é apropriado estar exultante com o prazer atual? Tome cuidado para não dizer o que é apropriado; porém, se assim o fizer, não o considerarei digno nem mesmo do equilíbrio. Dessa forma, as coisas são testadas e pesadas quando as regras estão prontas. Filosofar é isso, analisar e confirmar as regras; em seguida, usá-las a partir do momento que passam a ser conhecidas é a atitude de um homem sábio e bom.

Sobre disputa ou discussão

Aquilo que um homem precisa aprender para ser capaz de aplicar a arte da disputa foi demonstrado com precisão por nossos filósofos (os estoicos); todavia, no que diz respeito ao uso adequado das coisas, estamos completamente sem prática. Apenas deixe com qualquer um de nós, quem você quiser, um homem analfabeto para discutir, e ele não descobrirá como lidar com o homem. Mas quando ele comove um pouco esse homem, se ele responde fora do propósito, não sabe como tratá-lo; porém, em seguida o insulta ou o ridiculariza, e diz: "Ele é um homem analfabeto, não é possível fazer nada com ele". Agora, quando um guia se depara com um homem fora do caminho, ele o conduz pela direção certa, ele não o ridiculariza ou abusa dele e depois o abandona. Mostra também a verdade ao homem analfabeto e verá que ele a segue. Porém, enquanto você não mostra a verdade para ele, não o ridiculariza; em vez disso, sinta a sua própria incapacidade.

Ora, esta foi a primeira e principal peculiaridade de Sócrates: nunca se irritar em discussões, jamais proferir qualquer coisa que seja abusiva, ofensiva, e, sim, suportar as pessoas abusivas e acabar com o confronto. Se você quiser saber quão grande era o poder dele ao agir de tal forma, leia o *Banquete de Xenofonte* e verá em quantas brigas ele colocou fim. Por isso, com uma boa razão, esse poder também é altamente elogiado nos poetas:

> Rapidamente, com habilidade,
> ele resolve intensas disputas.
>
> Hesíodo, Teogonia, v. 87.

Sobre ansiedade (solicitude)

Quando vejo um homem ansioso, digo: "O que esse homem quer?". Se ele não quisesse algo que não está em seu poder, como poderia estar ansioso? Por isso, o tocador de alaúde que canta sozinho não tem ansiedade, porém, quando entra no teatro, fica ansioso, mesmo que tenha uma boa voz e toque bem o instrumento; ele não deseja apenas cantar bem, também quer receber aplausos, no entanto, isso não é algo que esteja em seu poder. Dessa forma, no que ele tem habilidade, ele tem confiança. Traga qualquer pessoa sozinha que não saiba nada sobre música: o músico não se importa com ela. Contudo, aquela questão sobre a qual um homem nada sabe e não a praticou, nisso ele fica ansioso. E que questão é essa? Ele não sabe o que é uma multidão ou o que é o elogio dessa mesma multidão. Entretanto, ele aprendeu a tocar o acorde mais baixo e o mais alto; porém, como é o louvor de muitos e que poder isso tem na vida, sobre isso ele nunca soube ou sequer pensou. Logo, ele, necessariamente, vai tremer e empalidecer. Algum homem tem medo de coisas que não sejam males? Não. Ele tem medo justamente das coisas que são más; todavia, elas ainda estão tão distantes de seu poder que podem não acontecer? Certamente ele não está. Então, se as coisas que independem da vontade não são boas nem más, e todas as coisas que dependem da vontade estão sob o nosso poder, e nenhum homem é capaz de tomá-las de nós ou mesmo dá-las a nós, se não as escolhermos, onde sobra espaço para a ansiedade? Mas estamos preocupados com o nosso pobre corpo, com a nossa pequena propriedade, com o desejo de César, e não com as coisas internas. Estamos ansiosos para não formar uma opinião falsa? Não, porque isso está sob o meu poder. Pelo fato de não exercermos os nossos movimentos contrários à natureza? Não, nem por isso. Quando você vê um homem pálido, como afirma o médico, "a julgar pela aparência, o baço desse homem está com problemas, o fígado também", da mesma forma se diz que o desejo e a aversão desse homem estão com problemas, ele não está no caminho certo, ele está com febre. Pois nada mais muda a cor, causa tremor ou ranger dos dentes, ou faz com que um homem

AFUNDE SOB SEUS JOELHOS E ALTERNE ENTRE OS PÉS.

ILÍADA, XIII., 281

Por essa razão, quando Zenão ia encontrar Antígono, ele não ficava ansioso, pois Antígono não tinha poder sobre nenhuma das coisas que Zenão admirava; e Zenão não se importava com aquelas coisas sobre as quais Antígono tinha poder. Porém, Antígono ficava ansioso quando ia encontrar Zenão, pois desejava agradar a Zenão; no entanto, isso era algo externo (longe de seu poder). Mas Zenão não queria agradar a Antígono, porque nenhum homem que seja hábil em qualquer arte deseja agradar a alguém que não tenha tal habilidade.

Devo tentar lhe agradar? Por quê? Suponho que você saiba a medida por meio da qual um homem é estimado por outro. Você se esforçou para aprender o que significa ser um homem bom e um mau, e como um homem se torna um ou outro? Por que, então, você mesmo não é bom? Ele responde: "Como eu não sou bom?". Porque nenhum homem bom lamenta, ou murmura, ou chora, nenhum homem bom empalidece e treme, ou diz: "Como ele me receberá, como ele me ouvirá?". Escravo, assim como lhe agrada. Por que você se importa com aquilo que pertence aos outros? Agora, é culpa dele se recebe mal o que vem de você? Certamente. E é possível que a culpa seja de um homem e o mal de outro? Não. Por que, então, você se preocupa com o que pertence aos outros? A sua pergunta é razoável, mas eu estou ansioso para saber como falar com ele. Então você não pode falar com ele da forma como quiser? Temo que possa ficar desconcertado? Se você vai escrever o nome de Dião, tem medo de ele ficar desconcertado? De maneira nenhuma. Por quê? Não é porque você praticou escrever esse nome? Certamente. Bem, se fosse lê-lo, não sentiria a mesma coisa? E por quê? Porque toda arte tem certa força e confiança nas coisas que lhe pertencem. Então você não praticou a fala? E o que mais você aprendeu na escola? Silogismos e proposições sofísticas? Mas para qual propósito? Não foi com o de discursar de uma forma habilidosa? E falar habilmente não é o mesmo que falar oportunamente, com cautela e inteligência, também sem cometer erros e sem impedimentos, e, além disso tudo, com confiança? Sim. Então, quando você está montado em um cavalo e entra em uma planície, fica ansioso para ser confrontado com um homem que esteja andando a pé, ansioso em uma questão na qual você é experiente e ele não? Sim, mas essa pessoa (para quem vou falar) tem poder para me matar. Então fale a verdade, homem infeliz, e não se gabe, nem finja ser um filósofo, nem se recuse a reconhecer os seus mestres; porém, enquanto tiver esse punho em seu corpo, siga todo homem que for mais forte do que você. Sócrates costumava praticar a fala; foi ele quem falou com os tiranos, com os dicastes (juízes), que falou durante a prisão dele. Diógenes também praticara a fala; foi ele quem falou com Alexandre, com os piratas, com a pessoa que por fim o comprou. Esses homens se sentiam confiantes nas coisas que praticavam. Mas você vai para resolver seus próprios assuntos e nunca os abandona: vai se sentar em um canto, tecer silogismos e, então, propô-los a outro. Em você não há o homem capaz de governar um Estado.

Rumo a naso

Quando certo romano entrou com seu filho e ouviu uma leitura, Epicteto disse: "Este é o método de instrução"; e ele, então, parou de falar. Quando o romano lhe pediu que continuasse, Epicteto disse: Toda arte, quando ensinada, gera esforço a quem não a conhece e não é habilidoso nela, e, de fato, as coisas que procedem das artes imediatamente revelam seu uso no propósito a partir do qual foram feitas; e a maioria delas contém algo atraente e agradável. É verdade que estar presente e observar a forma como um sapateiro aprende não é algo agradável, no entanto, o sapato é útil e não é desagradável de olhar. E a disciplina de um ferreiro quando está aprendendo é muito desagradável para quem por acaso estiver ali presente e for um estranho à arte, mas o trabalho mostra o uso da arte. Porém, você perceberá isso muito melhor na música, afinal, se estiver presente enquanto uma pessoa está aprendendo, a disciplina lhe parecerá bastante desagradável, todavia, os resultados da música são agradáveis e deleitosos para aqueles que nada sabem sobre música. E aqui concebemos o trabalho de um filósofo como algo desse tipo; ele deve adaptar seu desejo ([do grego: BOULAESIN]) àquilo que está acontecendo, de modo que nenhuma das coisas que ocorrem o façam de maneira contrária ao nosso desejo, da mesma forma que qualquer uma das coisas que não estejam acontecendo não acontecerá quando desejarmos que ela aconteça. É este o resultado obtido por aqueles que assim organizaram o trabalho da filosofia: não falhar no desejo nem ceder àquilo que ele evitaria; sem inquietação, medo ou perturbação para passar pela vida sendo eles mesmos, com seus associados, mantendo as relações tanto naturais quanto adquiridas, como as relações filho, pai, irmão, cidadão, homem, esposa, vizinho, companheiro de viagem, governante, governado. Concebemos que a obra de um filósofo seja algo como isso. O que resta depois é questionar como algo assim deve ser realizado.

Então nós descobrimos que o carpinteiro ([do grego: TECHTON]), depois de ter aprendido determinadas coisas, torna-se um carpinteiro; o piloto, um piloto. Mas não seria suficiente na filosofia apenas querer ser sábio e bom, em vez de também haver a necessidade de aprender certas coisas? Então perguntamos o que, no fim das contas, são tais coisas. Os filósofos dizem que devemos primeiro aprender que existe um Deus e que Ele provê tudo; também que não é possível esconder os nossos atos dEle, ou mesmo as nossas intenções e os nossos pensamentos. A coisa seguinte é aprender qual é a natureza dos deuses, pois, ao descobrir como eles são, sabe-se que aquele que os agradar e obedecer deve tentar, com todo o seu poder, ser como eles. Se o divino é fiel, o homem também deve sê-lo; se é livre, o homem também deve; se é benéfico, o homem também; se magnânimo, o mesmo; portanto, como uma imitação de Deus, ele deve fazer e dizer tudo de uma forma que seja consistente a esse fato.

Para, ou contra, aqueles que persistem de forma obstinada naquilo que determinaram

Quando algumas pessoas ouviram tais palavras, as de que um homem deve ser constante (firme) e que a vontade é naturalmente livre, não estando sujeita à compulsão, e que todas as outras coisas estão sujeitas a impedimentos, à escravidão, e sob o poder de outros, elas supuseram que devem, sem qualquer desvio, cumprir tudo o que determinaram. Porém, em primeiro lugar, o que foi determinado precisa ser sólido (verdadeiro). Eu preciso de tônus (tendão) no corpo, mas do tipo que há em um corpo saudável, atlético; no entanto, se para mim está claro que você tem o tônus de um homem frenético e se vangloria disso, eu lhe direi: "Homem, procure o médico; isso não é tônus e, sim, atonia (deficiência no tônus certo)". De forma diferente, algo do mesmo tipo é sentido por aqueles que ouvem tais discursos de maneira errada; como foi o caso de um dos meus companheiros que, sem motivo algum, decidiu que morreria de fome. Eu soube disso quando já era o terceiro dia de sua abstinência de comida e, então, fui perguntar o que havia acontecido. Ele disse: "Decidi". "Mas, então, conte-me o motivo que o induziu a decidir tal coisa, pois, se você resolveu optar por isso da forma correta, nós nos sentaremos com você e o ajudaremos a partir; agora, se você tomou uma decisão irracional, mude de ideia". "Nós devemos manter as nossas determinações". "O que você está fazendo, homem? Não devemos nos ater a todas as nossas determinações e, sim, às que são corretas; agora, se você está convencido de que está certo, não mude de ideia se achar isso conveniente, mas insisto em dizer: devemos sustentar as nossas determinações. Você não dará início a ela e firmará suas bases em uma análise se ela é sólida ou não e, a partir disso, construirá sobre ela firmeza e segurança? O alicerce não impedirá o seu miserável edifício de cair quanto mais cedo ele for construído, quanto mais fortes forem os materiais que você colocar nele? Sem razão nenhuma você retiraria da vida, de nós, um homem que é amigo e companheiro, da mesma cidade, tanto a grande quanto a pequena? Então, enquanto você está cometendo um assassinato e destruindo um homem que não fez nada de errado, diz que precisa cumprir as suas determinações? Na sua cabeça, para me matar, você deve cumprir a sua determinação?".

E agora esse homem foi persuadido, ainda que com dificuldade, a mudar de ideia. Porém é impossível convencer algumas pessoas na hora, de modo que agora parece que eu sei o que não sabia antes, o significado do ditado comum, aquele que afirma que você não pode persuadir nem quebrar um tolo. Que nunca seja a minha sorte ter um tolo sábio como meu amigo; nada é mais intratável do que isso. "Eu sou determinado", diz o homem. Os loucos também o são, porém, quanto mais firmemente julgam as coisas que não existem, mais heléboro eles requerem. Você não vai agir como um homem doente e, então, chamar o médico? – "Estou doente, mestre, ajude-me; diga-me o que devo fazer: é meu dever obedecê-lo". Nesse caso é assim também: eu não sei o que devo fazer, mas vim para aprender. – Não é assim; fale-me de outras coisas, porque sobre isso eu já decidi. – Sobre quais outras coisas? Pois o que é maior e mais útil do que estar convencido de que ter escolhido a sua determinação e não a mudar não é o suficiente. Esse é o tônus (energia) da loucura, não da saúde. – "Morrerei, se você me obrigar a isso". – Por que, homem? O que aconteceu? – Porque eu determinei. – Sorte a minha, então, que você não decidiu me matar, – Eu não aceito dinheiro. Por quê? – Porque eu determinei. – Então esteja certo de que, com o mesmo tônus (energia) que você agora usa ao se recusar a receber, não há nada que o impeça de, em algum momento, render-se, sem qualquer motivo, a receber dinheiro e depois dizer: "Eu decidi". Como em um corpo descontrolado, que está sujeito a defluxos, às vezes o humor se rende a essas tendências, e depois àquelas; da mesma forma, também uma alma doentia não sabe para que lado se inclinar, porém, se a essa inclinação e a esse movimento for acrescentado um tônus (uma resolução obstinada), então é aí que o mal deixa de se tornar passível de receber ajuda e cura.

Que não procuremos usar as nossas opiniões sobre o bem e o mal

Mas onde está o bem? Na vontade. E onde está o mal? Na vontade. Onde não existe nenhum deles? Nas coisas que independem da vontade. E então? Alguém de nós pensa sobre essas lições fora das escolas? Alguém reflete (esforça-se) sozinho para dar uma resposta a coisas, como no caso de perguntas? – É dia? – Sim. – É noite? – Não. – Bem, o número de estrelas é par? Não sou capaz de dizer. – Quando o dinheiro lhe é revelado (oferecido), você estudou para dar a resposta adequada, a de que o dinheiro não é uma coisa boa? Praticou tais respostas, ou apenas para responder sofismas? Então por que você se pergunta se, nos casos que estudou, aperfeiçoou-se? Porém, sobre aqueles que não estudou, quanto a eles você permanece o mesmo? Quando o retórico sabe que escreveu bem, que guardou na memória o que escreveu, e traz uma voz agradável, por que, ainda assim, fica ansioso? Porque ele não está satisfeito de ter estudado. Então, o que ele quer? Ser elogiado pelo público? Para praticar a declamação, ele foi disciplinado para tal, mas no que diz respeito ao elogio e à censura, ele não o foi. Pois quando ele ouviu de alguém o que é o elogio, a culpa, a natureza de cada um, que tipo de elogio deve ser almejado ou que tipo de censura deve ser evitado? E quando ele praticou essa disciplina que segue tais palavras (coisas)? Então por que você ainda se pergunta se, quanto ao que um homem aprendeu, ali ele supera os outros, e, naquilo em que ele não foi disciplinado, é o mesmo que muitos. Dessa forma, o tocador de alaúde sabe tocar, cantar e vestir-se bem, no entanto, ele treme ao entrar no palco; dessas coisas ele entende, mas não sabe o que é uma multidão, ou mesmo os gritos dela, nem o que é o ridículo. Tampouco sabe o que é a angústia, se ela é obra nossa ou de outros, se é possível impedi-la ou não. Por isso, se ele foi elogiado, sai do teatro com o ego inflado; se foi ridicularizado, é como se tivesse sido perfurado e caído.

Esse também é o caso com nós mesmos. O que admiramos? Aquilo que é externo. Com quais coisas nos ocupamos? Com as externas. Portanto, temos alguma dúvida de por que temos ou ficamos ansiosos? O que acontece quando pensamos que as coisas que estão por vir sobre nós são, na verdade, males? Não está sob o nosso poder não ter medo, não ficar ansioso. Então nós dizemos: "Senhor Deus, como não ficarei ansioso?". Seu tolo: você não tem mãos? Deus não as fez para você? Sente-se agora e reze para que o seu nariz não escorra. Então, assoe-o e não culpe Deus por isso. Ele não lhe deu nada nesse quesito? Ele não lhe deu a resistência? A magnanimidade? A masculinidade? Mesmo quando você tem essas mãos, ainda procura alguém que limpe o seu nariz por você? Mas nós não estudamos coisas como essas nem mesmo nos importamos com elas. Dê-me, então, um homem que se importe com a maneira como fará qualquer coisa, não a obtendo, preocupando-se com a sua própria energia. E que homem, enquanto está andando, preocupa-se com a sua própria energia? Quem, no momento em que está deliberando, preocupa-se com a sua própria deliberação e não em obter aquilo sobre o que delibera? E se ele for bem-sucedido, fica eufórico e diz: "Como nós deliberamos bem! Eu não te disse, irmão, que, quando pensamos em qualquer coisa, é impossível que não aconteça isso?". No entanto, se as coisas acontecerem de outra maneira, o miserável é humilhado; ele não sabe nem mesmo o que dizer sobre o que ocorreu. Quem entre nós, por causa dessa situação, já não consultou um vidente? Quem entre nós, quanto às suas ações, não se manteve na indiferença? Quem? Diga-me (nome) um, para que eu possa finalmente ver o homem que há tanto tempo procuro, seja ele verdadeiramente nobre e ingênuo, jovem ou velho; diga o nome dele.

Logo, quais são as coisas que representam um fardo para nós e nos perturbam? O que mais haveria de ser além de opiniões? O que mais pesa sobre aquele que vai embora e deixa seus companheiros e amigos, lugares e hábitos de vida, senão as opiniões? As criancinhas, por exemplo, quando choram com a babá que as deixa por um breve instante, logo esquecem a sua tristeza se recebem um pequeno pedaço de bolo. Então o que você quer dizer é que devemos compará-lo às criancinhas? Não, por Zeus, afinal, eu não quero ser pacificado por um mero pedaço de bolo e, sim, por opiniões corretas. E quais são essas? Como a de que um homem deve estudar o dia todo, não ser afetado por nada que não lhe pertença, nem por um companheiro, um lugar, uma academia de exercícios e nem mesmo por seu próprio corpo, mas se lembrar da lei e tê-la diante dos seus olhos. E qual é a lei divina? Manter o que é do homem, não reivindicar o que pertence aos outros e usar o que lhe é dado; e, quando não o é, não o desejar; e, quando uma coisa lhe é tirada, entregá-la pronta e imediatamente, sendo grato pelo tempo que um homem pôde fazer uso dela, caso contrário, você vai chorar pela babá e pela mamãe. De que importa a qual coisa um homem é subjugado e da qual ele depende? Em que você é melhor do que aquele que chora por uma menina, se você mesmo chora por uma pequena academia, por pequenos pórticos, por jovens e tais lugares de diversão? Outro chega e lamenta que não beberá mais da água de Dirce. A água de Marciano é pior que a de Dirce? Mas eu estava acostumado com a água de Dirce. E com o tempo você ficará acostumado com a outra. Então, se você se apega a isso, chore por isso também, e tente fazer um verso como o de Eurípides,

OS BANHOS QUENTES DE NERO E A ÁGUA DE MARCIANO.
VEJA COMO A TRAGÉDIA OCORRE QUANDO COISAS COMUNS
ACONTECEM COM HOMENS TOLOS.

Então quando eu voltarei a ver Atenas e Acrópole? Seu miserável, você não se contenta com o que vê diariamente? Tem algo que seja melhor ou maior para se ver do que o Sol, a Lua, as estrelas, toda a terra e o mar? Se, de fato, você compreende Aquele que administra o todo, carrega-O em si, mesmo assim você ainda deseja algumas pequenas pedras e uma bela rocha?

COMO DEVEMOS ADAPTAR
OS PRECONCEITOS A CASOS PARTICULARES

Qual é a primeira responsabilidade daquele que filosofa? Renunciar à presunção ([do grego: OIAESIS]). É impossível para um homem começar a aprender o que ele pensa que já sabe. Quanto às coisas que devem e não devem ser feitas, boas e más, belas e feias, todos nós, ao falarmos sobre elas ao acaso, recorremos aos filósofos; e nesses casos elogiamos, censuramos, acusamos, julgamos; determinamos princípios honrosos e desonrosos. Mas, afinal, por que recorremos aos filósofos? Porque desejamos aprender aquilo que achamos não saber. E o que é isso? Os teoremas. Desejamos aprender aquilo que os filósofos dizem ser algo elegante e perspicaz; e alguns desejam até mesmo aprender para que possam lucrar com o que aprendem. Portanto, é ridículo pensar que uma pessoa deseja aprender algo e aprenderá outra coisa; ou, ainda, que um homem se tornará proficiente naquilo que não se propõe a aprender. No entanto, muitos são enganados por isso, algo que também enganou o retórico Teopompo, quando ele culpou até mesmo Platão por querer que tudo seja definido. Para que ele diz isso? Nenhum de nós, antes de você, usou as palavras BOM ou JUSTO, ou mesmo pronunciou os sons de maneira que não tivesse sentido e fosse vazia, sem entender o que elas significam separadamente? Agora, quem diz para você, Teopompo, que não tínhamos noções naturais sobre cada uma dessas coisas e cada um desses preconceitos ([do grego: PROLAEPSEIS])? Mas não é possível adaptar preconceitos aos seus objetos correspondentes se não distinguirmos (analisamos) e inquirirmos que objeto deve ser submetido a cada preconceito. Você também pode fazer a mesma acusação contra os médicos. Afinal, quem entre nós não usava as palavras SAUDÁVEL e INSALUBRE antes de Hipócrates viver, ou mesmo pronunciava essas mesmas palavras como meros sons vazios? Pois também temos certo preconceito quanto à saúde, mas não conseguimos adaptá-lo. E justamente por essa razão se diz: "Abstenha-se de comida"; outro ainda diz: "Dê comida"; outro diz: "Sangre"; e outro diz: "Use ventosas". Mas qual é a razão disso? É outra coisa senão o fato de que um homem não é capaz de adaptar de forma adequada os preconceitos de saúde aos casos particulares?

Como devemos lutar contra as aparências

Todos os hábitos e as faculdades são mantidos e intensificados pelas atitudes correspondentes: o hábito de caminhar se intensifica caminhando; o de correr, correndo. Se você for um bom leitor, leia; se for um escritor, escreva. Mas, quando não tiver lido por trinta dias seguidos, tiver feito outra coisa, saberá a consequência disso. Da mesma forma acontece se você ficar dez dias deitado: ao se levantar e tentar fazer uma longa caminhada, perceberá como suas pernas estão enfraquecidas. Portanto, normalmente, se você quiser fazer de qualquer coisa um hábito, faça-a; se não quiser fazer dela um hábito, não a faça, porém acostume-se a fazer outra coisa em vez dela.

E assim é no que diz respeito às afeições da alma: quando você está com raiva deve saber que esse mal não foi algo que simplesmente aconteceu com você, mas que também intensificou o hábito de ficar com raiva e, de certa forma, lançou combustível no fogo.

E certamente, dessa maneira, como dizem os filósofos, também crescem as doenças da mente. Afinal, quando você deseja dinheiro, se a razão for aplicada de modo a conduzir para uma percepção do mal, o desejo é interrompido. Assim, a faculdade dominante da nossa mente é restaurada à original. No entanto, se você não aplica nenhum meio de cura, ela não vai retornar ao estado inicial, e, sim, ao ser mais uma vez excitada pela aparência correspondente, será inflamada a desejar de maneira mais rápida do que antes: quando isso ocorre de forma contínua, doravante ela é fortalecida (tornada insensível) e, por fim, a doença da mente confirma o amor ao dinheiro. Pois quem teve febre e recebeu um alívio para ela não está no mesmo estado de antes, a menos que esteja completamente curado. Algo desse tipo também ocorre em relação às doenças da alma. Certas marcas e bolhas são deixadas nela, e, a menos que um homem as apague por completo, quando ela for novamente açoitada nos mesmos lugares, o chicote não produzirá bolhas (vergões), mas feridas. Portanto, se você deseja se livrar de um temperamento raivoso, não alimente o hábito de sentir raiva, não jogue nada sobre ele que o intensifique: primeiro, mantenha-se quieto e conte os dias em que você não ficou com raiva. Eu costumava ser raivoso todos os dias; agora isso acontece a cada dois dias; depois, será a cada terço de dia; depois, a cada quarto. Contudo, se você conseguiu ficar com raiva de forma intermitente por trinta dias, faça um sacrifício a Deus. Porque, a princípio, o hábito começa a ser enfraquecido e depois é completamente destruído. "Não me aborreci hoje, nem no dia seguinte, nem em qualquer outro dia depois desse por dois ou três meses, mas tomei cuidado quando algumas coisas que poderiam despertar a minha raiva aconteceram". Tenha certeza de que você está trilhando um bom caminho.

Mas, então, como isso precisa ser feito? Esteja disposto a ser aprovado por si próprio, a parecer belo aos olhos de Deus; deseje estar em pureza com o seu próprio eu mais puro e acompanhado por Deus. E assim, quando tal aparição o visitar, Platão diz: "Recorra às expiações; vá, suplicante, até os templos das divindades, que o ajudarão a evitar o que precisa ser evitado". É até suficiente se você recorrer à sociedade de homens nobres e justos, comparando-se a eles, quer estejam vivos ou mortos.

Porém, em primeiro lugar, não se apresse por conta da rapidez da aparência, mas diga: "Aparências, esperem um pouco por mim; deixem-me ver quem vocês são, o que são; deixem-me colocá-las à prova". E, dessa forma, não permita que a aparência o guie e desenhe imagens vivas das coisas que ocorrerão a seguir, pois, se você o fizer, ela o levará para onde quiser. Em vez disso, disponha-se opor a ela outra aparência que seja bela e nobre, expulse essa aparência vil. Se está acostumado a colocar isso em prática dessa maneira, perceberá que ombros, tendões e força você tem. Entretanto, agora, essas são apenas palavras insignificantes, nada mais do que isso.

Esse é o verdadeiro atleta, o homem que se exercita contra essas aparências. Fique, seu miserável, não se deixe levar. O combate é grandioso, o trabalho é divino; é pela realeza, pela liberdade, pela felicidade, pelo livramento da perturbação. Lembre-se de Deus, clame por Ele como Seu ajudante e protetor, da mesma forma como os homens no mar clamam pelos gêmeos Dióscuros em meio a uma tempestade. Pois que tempestade é maior senão aquela que vem das aparências violentas e responsáveis por afastar a razão? Quanto à tempestade em si, o que mais ela é senão uma mera aparência? Pois, então, afaste o medo da morte e suponha que há quantos trovões e relâmpagos quiser, assim você descobrirá a calma e a serenidade que existem na faculdade dominante. Mas, se alguma vez você foi derrotado e disse que venceria no futuro, depois repetiu esses dizeres, tenha certeza de que, por fim, você estará em uma condição tão miserável e tão fraca, que depois nem saberá que está fazendo algo errado, e vai até começar a criar desculpas (defesas) por seu erro e, então, confirmará que o dito de Hesíodo é verdadeiro:

> "POR MEIO DE MALES CONSTANTES
> AQUILO QUE É DILATÓRIO
> SE ESFORÇA AO MÁXIMO".

Sobre inconsistência

Algumas coisas os homens confessam prontamente; outras, não. Portanto, ninguém confessará que é um tolo ou mesmo que é desprovido de entendimento; muito pelo contrário, você ouvirá todos os homens dizendo: "Eu gostaria de ter uma fortuna do tamanho do meu entendimento". Mas os homens logo confessam que são tímidos, e dizem: "Eu sou bastante tímido, confesso; já em relação a outros aspectos você não me achará um tolo". Um homem não confessará rapidamente que é intemperante, ou que é injusto; ele não confessará nada. De modo algum confidenciará que é invejoso ou mesmo intrometido. A maioria dos homens revelará que é compassiva. Mas, então, qual é a razão?

O principal (dominante) é a inconsistência e a confusão nas coisas que estão relacionadas com o bem e o mal. Todavia, homens diferentes têm razões diferentes e, geralmente, eles não confessam aquilo que imaginam ser vil, não confessam nada. Porém, eles supõem que a timidez é uma característica de quem carrega boa disposição, bem como a compaixão; já a tolice é tida como a característica mais absoluta de um escravo. E eles não admitem (confessam) as coisas que representam ofensas contra a sociedade. Mas, quanto à maioria dos erros, principalmente por essa razão, eles são induzidos a confessá-los porque imaginam que haja algo de involuntário neles, como a timidez e a compaixão; se um homem confessa que de alguma forma é intemperante, então alega o amor (ou paixão) como desculpa para aquilo que é involuntário. Entretanto, os homens não imaginam que a injustiça seja involuntária. Existe também no ciúme, como eles supõem, algo involuntário; e por isso também confessam ser ciumentos.

Portanto, ao viver entre homens como esses, tão confusos, tão ignorantes sobre aquilo que dizem, sobre os males que têm ou não, e por que os possuem, ou como devem ser aliviados do fardo deles, acho que vale a pena um homem se dar ao trabalho de observar constantemente (e questionar): "Eu também sou um deles, como imagino a mim mesmo, como me conduzo, como um homem prudente, um moderado". Se eu digo isso é porque fui ensinado a me manter em preparação para tudo aquilo que pode vir a acontecer. Eu tenho a consciência, a de que um homem que nada sabe deveria ter, que concluiu que sobre nada eu sei? Recorro ao meu mestre da mesma forma como os homens o fazem aos oráculos, já prontos para obedecer? Ou sou como um menino chorão, que recorre à minha escola para aprender sobre História e entender os livros que antes não entendia e, caso eu realmente aprenda, também explicá-los para os outros? Meu caro, em casa você brigou com um escravo pobre, virou a família de cabeça para baixo, assustou os vizinhos e, então, vem até mim como se fosse um homem sábio; você se senta e julga como eu expliquei determinadas palavras e como balbuciei tudo o que me veio à cabeça. Você recorre a mim cheio de inveja e humilhado, porque não traz nada de casa; senta-se durante a discussão pensando em mais nada além de como o seu pai está disposto em relação a você e ao seu irmão. Mas o que estão dizendo sobre mim por lá? Agora pensam que estou melhorando, e dizem: "Ele retornará munido de todo o conhecimento". Eu gostaria de poder aprender tudo antes de voltar para casa, porém muito trabalho se faz necessário para tal e ninguém me manda nenhum; os banheiros de Nicópolis estão sujos; tudo é ruim em casa e tudo é ruim aqui.

Sobre amizade

Aquilo para o que um homem se aplica com seriedade, é isso que ele naturalmente ama. Então quer dizer que os homens se aplicam com seriedade às coisas que são más? De jeito nenhum. Bem, eles se aplicam às coisas que de nenhum modo lhes dizem respeito? Nem a essas. Portanto, o que resta é o fato de que eles se ocupam seriamente apenas com as coisas que são boas; e, se eles estão realmente ocupados com tais coisas, também as amam. Então quem compreende aquilo que é bom também pode saber amar; porém, aquele que não é capaz de distinguir o bem do mal, além das coisas que não são nem boas nem más, como ele pode ter o poder de amar? Portanto, amar é algo que está apenas sob o poder dos sábios.

E não se engane porque, universalmente, todo animal não se apega a nada tanto quanto o faz com seus próprios interesses. O que quer que lhe pareça um impedimento a esse respeito, seja um irmão, pai, filho, amado, amante, ele odeia, despreza, amaldiçoa, pois a sua natureza consiste em amar nada além daquilo que represente seus próprios interesses: seja pai, irmão, parente, país ou Deus. Logo, quando os deuses nos aparecem como sendo um impedimento para isso, nós os insultamos, derrubamos suas estátuas e queimamos seus templos, da mesma forma como Alexandre ordenou que os templos de Esculápio fossem queimados quando o seu querido amigo morreu.

Por essa razão, se um homem coloca num mesmo lugar seus interesses, a santidade, a bondade, a pátria, os pais e os amigos, tudo isso está assegurado; no entanto, se ele coloca seus interesses em um lugar e em outro seus amigos, pais, parentes e a própria justiça, tudo isso cede, pois passa a ser pressionado pelo peso dos interesses. Pois onde o "eu" e o "meu" são colocados, é esse o lugar de necessidade ao qual um animal se inclina; se na carne, há o poder regente; se no testamento, ali ele está; e, se nos externos, ali ele está. Mas se eu estiver no mesmo lugar onde está a minha vontade, somente assim serei um amigo do tipo que devo ser, o filho, o pai, pois este será o meu interesse: manter o caráter de fidelidade, modéstia, paciência, abstinência, cooperação ativa, observação das minhas relações (para com todos). Contudo, se eu me coloco em um lugar e em outro a honestidade, logo a doutrina de Epicuro se fortalece, aquela que afirma que ou não há honestidade ou é aquela na qual a opinião é considerada honesta (virtuosa).

    Foi por conta dessa ignorância que os atenienses e os lacedemônios brigaram, e os tebanos com ambos; o grande rei brigou com Hélade, os macedônios com ambos; e os romanos com os getas. E, ainda antes, a guerra de Troia aconteceu por essas mesmas razões. Alexandre era hóspede de Menelau e, se algum homem tivesse visto a sua disposição amigável, não teria acreditado naquele que dissesse que os dois não eram amigos. Mas entre eles foi lançado (como entre cães) um pouco de carne, na forma de uma bela mulher, e por conta dela se deu a guerra. E agora, quando você vê irmãos se comportando como amigos que parecem ter uma única mente, não conclua nada sobre essa amizade nem mesmo espere que eles jurem e digam ser impossível que eles se separem um do outro, porque não se pode confiar no princípio dominante de um homem mau; ele é inseguro, não tem uma regra certa pela qual é conduzido e dominado em diferentes momentos por diferentes aparências. Mas analise não aquilo que os outros homens também analisam, se ambos nasceram dos mesmos pais e foram criados juntos, ou educados pelo mesmo pedagogo; em vez disso, analise apenas onde eles posicionam seus interesses, se nas coisas externas ou na vontade. Se o fizerem nas externas, não os chame de "amigos"; nomeie-os como não sendo dignos de confiança ou mesmo constantes, corajosos ou livres; não diga que eles são sequer homens, caso tenha algum julgamento. Pois não é um princípio da natureza humana aquilo que os leva a morder uns aos outros, abusar uns dos outros, ocupar lugares desertos ou públicos como se fossem montanhas, e nos tribunais de justiça expor os atos de ladrões; nem mesmo o que os torna intemperantes, adúlteros e corruptores, nem o que os leva a fazer qualquer outra coisa que os homens façam uns contra os outros somente em razão desta única opinião: a de colocar a si mesmos e seus interesses nas coisas que não estão dentro do poder de sua vontade. Agora, se você ouvir que, na verdade, esses homens pensam que o bem está apenas ali, no mesmo lugar onde está a vontade, e há o uso correto das aparências, não se preocupe mais se eles são pai e filho ou irmãos, ou até mesmo se se associaram há muito tempo e, por consequência, são companheiros; então, quando você verificar exatamente isso, declare com confiança que eles são amigos, assim como você declara que eles são fiéis, justos. Pois onde mais pode haver amizade do que onde há fidelidade e modéstia, onde existe a comunhão de coisas honestas e de nada mais além disso.

Mas você pode dizer: "Tal pessoa me tratou com respeito por tanto tempo; ela não me amou?". Escravo, como você sabe se ela não olhou para você da mesma forma como quando limpa os sapatos com uma esponja ou como cuida do seu animal? Como sabe se, quando deixar de ser útil como um vaso, ela não o jogará fora como um prato quebrado? "Mas essa mulher é a minha esposa e vivemos juntos há tanto tempo!". E quanto tempo Erifila viveu com Anfiarau, foi mãe de muitos filhos? Mas um colar se colocou no meio dos dois; e o que é um colar? É a opinião sobre essas coisas. Esse foi o princípio bestial, aquilo que rompeu a amizade entre marido e mulher, que não permitia que a mulher fosse esposa nem a mãe fosse mãe. Portanto, que todo homem entre vocês que tenha decidido seriamente ser um amigo ou mesmo ter outro como amigo, dispa-se de tais opiniões, odeie-as, expulse-as de sua alma. E, dessa forma, antes de qualquer coisa, ele não vai se censurar, não ficará em desacordo consigo mesmo, não mudará de ideia, não se torturará. Em seguida, também para o outro, que é como ele mesmo, será total e inteiramente um amigo. Porém, ele suportará o homem que é diferente de si mesmo, será amável com ele, gentil, pronto para perdoar dada a sua ignorância, por estar enganado em coisas que são da maior importância; mas ele não será rígido com ninguém, uma vez que estiver convencido o suficiente da doutrina de Platão: a de que toda mente é privada da verdade a contragosto. Caso você não consiga fazer isso, ainda é capaz de fazê-lo em todos os outros aspectos como os amigos fazem, bebendo juntos, hospedando-se juntos e navegando juntos; vocês podem até ter nascido dos mesmos pais, mas as cobras também, e, mesmo assim, elas não serão amigas nem você, desde que retenha para si tais opiniões bestiais e amaldiçoadas.

Sobre o poder da fala

Todo homem lerá um livro com mais prazer ou até com mais facilidade se ele for escrito com palavras mais justas. Logo, todo homem também ouvirá com maior prontidão aquilo que é falado se essa fala for composta por palavras apropriadas e convenientes. Então nós não devemos afirmar que não existe uma faculdade de expressão porque essa afirmação é característica de um homem ímpio bem como de um tímido. De um homem ímpio porque subestima os dons que vêm de Deus, como se tirasse a comodidade do poder da visão, da audição ou da visão. Então Deus lhe deu olhos para propósito nenhum? E, mesmo sem embutir propósito algum, Ele infundiu neles um espírito tão forte e de artifício tão hábil capaz de alcançar um longo caminho e moldar as formas das coisas visíveis? Que tipo de mensageiro é tão rápido e vigilante? E sem nenhum propósito Ele fez a atmosfera adjacente tão eficaz e elástica que a visão penetra através dela de tal maneira que é como se ela se movesse? E sem nenhum propósito Ele fez a luz, cuja ausência resultaria na inutilidade em qualquer outra coisa?

Homem, não seja ingrato quanto a esses dons nem esqueça as coisas que são superiores a eles. Na verdade, pelo poder de ver e ouvir, também pela própria vida, pelas coisas que contribuem para nutri-la, pelos frutos secos, pelo vinho e pelo azeite, dê graças a Deus; mas lembre-se de que Ele lhe deu algo melhor do que tudo isso: o poder de usá-los, prová-los e estimar o valor de cada uma dessas coisas. Pois o que é isso que tem a capacidade de dar informação sobre cada um desses poderes, de mostrar o quanto vale cada um deles? É cada faculdade em si? Você já ouviu a faculdade da visão dizer algo sobre si mesma? Ou mesmo a da audição? Ou o trigo, a cevada, um cavalo, um cachorro? Não. Mas eles são nomeados como ministros e escravos para servirem à faculdade que tem o poder de fazer uso das aparências das coisas. Se você perguntar qual é o valor de cada coisa, para quem você pergunta? E quem responde? Então, como qualquer outra faculdade pode ser mais poderosa do que essa, a que usa o restante como ministros, prova cada um deles e se pronuncia sobre eles? E qual deles sabe o que é e qual é o seu próprio valor? Qual deles sabe quando deve ser colocado em uso e quando não? Que faculdade é essa capaz de abrir e fechar os olhos, de afastá-los dos objetos sobre os quais não deveria aplicá-los e, então, aplica-os a outros objetos? É a faculdade da visão? Não e sim, a da vontade. O que é essa faculdade que fecha e abre os ouvidos? O que é isso pelo qual eles são curiosos e inquisitivos, ou até o oposto, são indiferentes àquilo que é dito? É a faculdade de ouvir? Não é outra coisa senão a da vontade. Então, será que essa faculdade – uma vez que ela se faz presente entre todas as outras faculdades cegas, mudas e incapazes de ver qualquer outra coisa, com exceção dos próprios atos para os quais elas são designadas a ministrarem a esta (faculdade) e servi-las – só enxerga com nitidez e percebe qual é o valor de cada uma das outras e vai declarar a nós que qualquer outra coisa é a melhor ou que ela mesma é? E o que mais faz o olho quando é aberto, além de ver? Agora, se devemos olhar para a esposa de determinada pessoa, e de que maneira, quem nos diz isso? A faculdade da vontade – e diz se devemos ou não acreditar naquilo que é dito; e, caso acreditemos, se devemos ou não ser movidos por isso. Quem nos diz algo do tipo? Não é a faculdade da vontade?

Se você me perguntar qual, então, é a mais excelente de todas as coisas, o que eu devo dizer? Não posso responder que é o poder da fala, quando o da vontade é o certo ([do grego: ORTHAE]), pois é esse que faz uso do outro (o poder de fala), e todas as outras faculdades, sejam elas pequenas ou grandes. Quando essa faculdade da vontade é colocada da maneira correta, um homem que não é bom se torna bom; porém, quando ela falha, um homem se torna mau. É por meio disso que nós somos desafortunados, que somos afortunados, que culpamos uns aos outros, que ficamos satisfeitos uns com os outros. Em resumo, é isso que, se negligenciarmos, produz infelicidade, e, se cuidarmos com cautela, gera felicidade.

Então o que geralmente é feito? Os homens costumam agir como um viajante que está retornando ao próprio país: quando ele entra em uma boa pousada, uma vez satisfeito com ela, ali permanece. Meu caro, você esqueceu o seu propósito: não estava viajando rumo a essa pousada e, sim, passando por ela. "Mas é uma pousada agradável". E quantas outras também são agradáveis? E quantos prados o são? Mas você está apenas de passagem. O seu propósito é o seguinte: retornar para o seu país, aliviar seus parentes da ansiedade, cumprir os seus deveres de cidadão, casar-se, gerar filhos, preencher as magistraturas de costume. Pois você não veio para cá a fim de escolher lugares mais agradáveis e, sim, de morar naquele onde você nasceu e do qual você se tornou cidadão. Algo desse tipo ocorre no caso que estamos considerando, uma vez que, com a ajuda da fala e da comunicação que você recebe aqui, deve avançar para a perfeição, purgar a sua vontade e corrigir a faculdade que utiliza das aparências das coisas; e como é necessário também que o ensino (a distribuição) dos teoremas seja efetuado por certo modo de expressão, com determinada variedade e nitidez, algumas pessoas, cativadas por essas mesmas coisas, permanecem nelas, uma cativada pela expressão, outra pelos silogismos, outra ainda pelos sofismas, outra por certa pousada ([do grego: PAUDOCHEIOU]) do tipo; e ali elas ficam e definham como se estivessem entre sereias.

Homem, o seu propósito (negócio) era se tornar capaz de usar as aparências apresentadas a você de uma maneira que estivesse em conformidade com a natureza, quanto aos seus desejos de não ser frustrado, à sua aversão às coisas para não se render àquilo que você evitaria, para nunca ter nenhuma sorte (como se diz) nem jamais ter azar, para ser livre, desimpedido, desobrigado, conformado com a administração de Zeus, obedecendo-a, bem satisfeito com isso, não culpando ninguém, não acusando ninguém de ter a culpa, sendo capaz, de toda a sua alma, de proferir estes versos:

GUIE-ME, Ó, ZEUS,
E VOCÊ TAMBÉM, DESTINO.

Para (ou contra) uma pessoa que foi uma daquelas que não foram valorizadas (estimadas) por ele

Certa pessoa disse para ele (Epicteto): "Por diversas vezes eu desejei ouvir você e vir até você, mas nunca me respondeu; e agora, se for possível, eu lhe rogo que me diga alguma coisa". "Você acha que", disse Epicteto, "assim como existe arte em qualquer outra coisa, também existe em falar; e quem tiver essa arte, então falará com habilidade, e quem não a tiver falará sem habilidade?". Eu realmente acredito que sim. "Aquele que, ao falar, recebe benefícios para si mesmo e é capaz de beneficiar os outros será capaz de falar de maneira hábil; mas aquele que é muito prejudicado por falar e prejudica outros por meio da fala será inábil nessa arte de falar? Você talvez descubra que alguns são prejudicados e outros beneficiados por falar. Mas todos aqueles que ouvem são beneficiados por aquilo que estão ouvindo? Ou, então, você descobrirá que, entre eles, alguns são beneficiados e outros prejudicados? Acontecem ambas as situações entre esses também", disse ele. "Nesse caso, também aqueles que ouvem de forma hábil são beneficiados e os que ouvem de maneira inábil são prejudicados? Ele admitiu isso. Portanto, existe uma habilidade em ouvir também, assim como há no falar? Parece que sim. Se você puder escolher, considere o assunto desta maneira: a quem pertence a prática da música? A um músico. E a confecção adequada de uma estátua, a quem você acha que ela pertence? Ao escultor. E observar habilmente uma estátua, isso é algo que lhe parece não requerer ajuda de nenhuma arte? Isso também requer o auxílio da arte. Logo, se falar corretamente é tarefa do homem hábil, percebe que ouvir e obter benefícios a partir disso também é tarefa do homem hábil? Agora, quanto a falar e ouvir perfeitamente, e com utilidade, permita que nada mais seja dito sobre isso, pois nós dois estamos muito longe de qualquer coisa do tipo. No entanto, acho que todo homem vai permitir isso, que aquele que vai ouvir os filósofos requer alguma prática na audição. Não é verdade?".

Então por que você não diz nada para mim? "Eu só posso dizer o seguinte para você: aquele que não sabe quem é, para qual propósito existe, o que é este mundo, com quem ele está associado, quais são as coisas boas e más, as belas e as feias, que não entende discurso ou demonstração, nem mesmo sabe o que é verdadeiro ou o que é falso, ele não desejará de acordo com a natureza, nem se desviará, nem avançará, nem terá intenção (agir), nem assentirá, nem discordará, nem interromperá seu julgamento. Em resumo, ele andará mudo e cego, pensando que é alguém, mas, na verdade, será ninguém. A partir de agora é assim? Não é pelo fato de que desde a existência da raça humana todos os erros e infortúnios surgiram dessa ignorância?".

"Isso é tudo o que tenho a dizer a você; e não é de bom grado que eu digo tudo isso". Mas por quê? "Porque você não me despertou. Então pelo que devo procurar para ser despertado, assim como fazem os homens que são peritos em montar e são despertados por cavalos generosos? Devo olhar para o seu corpo? Você o trata com vergonha. Para a sua vestimenta? Ela é luxuosa. Para o seu comportamento, o seu olhar? Isso é o mesmo que nada. Quando você quiser ouvir um filósofo, não diga a ele: 'Você não me diz nada'; apenas mostre-se digno de ouvir ou mesmo apto para tal, então você verá como vai instigar o orador."

A LÓGICA É NECESSÁRIA

Quando um dos presentes disse: "Convença-me de que a lógica é necessária", ele respondeu: "Quer que eu prove isso para você?". A resposta foi: "Sim". "Então devo usar uma forma demonstrativa de discurso". O que foi concedido. "Mas como você saberá que não estou te enganando com o meu argumento?". O homem ficou em silêncio. "Percebe que", disse Epicteto, "você mesmo está admitindo que a lógica é necessária, afinal, sem ela você não é capaz de saber nem mesmo isso, se a lógica é necessária ou não?".

Sobre a fineza das vestimentas

Certo jovem, um retórico, foi até Epicteto; o cabelo estava penteado com mais cuidado do que o habitual; seu traje, em um estilo ornamental, então Epicteto disse: "Diga-me se você não acha que alguns cães são bonitos e alguns cavalos também, tal qual acontece com todos os outros animais". "Acho que sim", respondeu o jovem. "Então também alguns homens não são bonitos e outros feios?", "Certamente que sim". "Logo, pela mesma razão, nós chamamos cada um deles do mesmo tipo de belo, ou cada um é belo por algo peculiar? E você julgará essa questão assim: visto que vemos um cão naturalmente formado para uma coisa, um cavalo para outra e, por exemplo, um rouxinol para outra, nós podemos, de forma geral e não imprópria, declarar que cada um deles é belo quando é mais excelente de acordo com a sua natureza; entretanto, como a natureza de cada um deles é diferente, cada um me parece belo de uma maneira também diferente. Não é dessa forma?". Ele admitiu que sim. "Portanto, aquilo que torna um cão bonito também torna um cavalo feio; e o que torna um cavalo bonito também torna um cão feio, se é verdade que as suas naturezas são diferentes". "Parece ser assim". "Pois eu acho que aquilo que torna um pancratiasta bonito faz com que um lutador não seja bom e um corredor seja o mais ridículo de todos; e quem é bonito para o pentatlo é muito feio para a luta". "É assim", disse ele. "Então o que torna um homem bonito? É aquilo que, em sua espécie, torna belos tanto um cão quanto um cavalo?". "É", ele disse. "O que, então, torna um cão bonito? A posse da excelência de um cão. E o que torna um cavalo bonito? A posse da excelência de um cavalo. O que, então, torna um homem bonito? Não é a posse da excelência de um homem? Portanto, se você deseja ser belo, meu jovem, trabalhe nisto: na aquisição da excelência humana". "Mas o que é isso?". "Observe a quem você mesmo elogia, quando elogia muitas pessoas sem qualquer parcialidade: você elogia o justo ou o injusto?". "O justo". "No caso do moderado e do imoderado?". "O moderado". "E quanto ao temperado e ao intemperado?". "O temperado". "Então, se você se tornar uma pessoa assim, saberá que se tornará bonita; porém, enquanto você negligencia tais coisas, deve se manter feio ([do grego: AISCHRON]), mesmo que faça tudo o que puder para parecer bonito".

Sobre aquilo que um homem deve praticar para ter proficiência; e a negligência das coisas essenciais

Há três coisas (tópicos [do grego: TOPOI]) que um homem deve praticar para se tornar sábio e bom. A primeira diz respeito aos desejos e às aversões para, assim, não deixar de conseguir o que deseja e se render àquilo que não deseja. A segunda diz respeito aos movimentos em direção a um objeto e a partir de um objeto, e geralmente a fazer o que um homem deve fazer para que ele seja capaz de agir conforme a ordem, a razão, e não de uma forma descuidada. A terceira coisa diz respeito à isenção de engano e imprudência no julgamento, e usualmente também diz respeito aos assentimentos ([do grego: SUGCHATATHESEIS]). De todos esses tópicos, o principal e o mais urgente é o que diz respeito aos afetos ([do grego: TA PATHAE] perturbações), pois um afeto não é produzido de outra maneira que não por uma falha ao obter o que um homem deseja ou se se render-se àquilo que um homem desejaria evitar. Isso é o que traz perturbações, desordens, má sorte, infortúnios, tristezas, lamentações e invejas; que torna os homens invejosos e ciumentos; e é por essas causas que nos tornamos incapazes até mesmo de ouvir os preceitos da razão. O segundo tópico mais essencial diz respeito aos deveres de um homem, pois não posso ser livre de afetos ([do grego: APATHAE]) como uma estátua, devo manter as relações ([do grego: SCHESEIS]) naturais e adquiridas, como um homem piedoso, filho, pai, cidadão.

O terceiro tópico principal é aquilo que interessa imediatamente aos que estão em busca da proficiência, o que diz respeito à segurança dos outros dois, para que nem mesmo no sono qualquer aparência que não foi analisada nos surpreenda, nem na embriaguez ou mesmo na melancolia. Pode-se dizer que isso está acima do nosso poder. No entanto, negligenciando o primeiro e o segundo tópicos (afetos e deveres), os filósofos atuais se ocupam do terceiro usando argumentos sofísticos ([do grego: METAPIPTONTAS]), tirando conclusões a partir de questionamentos, empregando hipóteses, mentindo. Porque, uma vez fazendo uso desses assuntos, diz-se que um homem precisa tomar cuidado para que não seja enganado. Mas quem deve? O homem sábio e bom. Então isso é tudo o que precisa significar o querer para você. Conseguiu resolver o resto com sucesso? Está livre do engano no que se trata de dinheiro? Se você vê uma garota bonita, resiste à aparência dela? Se o seu vizinho obtiver uma propriedade de herança, você não fica aborrecido? Agora, há mais alguma coisa que você precise querer além da firmeza imutável da mente ([do grego: AMETAPTOSIA])? Infeliz, você ouve essas mesmas coisas com o medo e com a ansiedade de que alguém possa desprezá-lo, e com questionamentos sobre o que qualquer pessoa possa vir a dizer sobre você. Se um homem vier e lhe disser que, em certa conversa na qual foi feita a pergunta "Quem é o melhor filósofo?", um homem presente respondeu que determinada pessoa era o principal filósofo, a sua alma pequena, que tinha apenas o tamanho de um dedo, estende-se até atingir o tamanho de um antebraço. Porém, se outra pessoa ali presente disser: "Você está enganado, não vale a pena ouvir determinada pessoa, pois o que ela sabe? Sabe apenas os primeiros princípios, nada mais", então você fica confuso, empalidece, grita de imediato: "Eu vou mostrar a ele quem sou, provar que sou um grande filósofo!". É visto por meio destas mesmas coisas: por que você deseja provar isso aos outros? Você não sabe que Diógenes apontou um dos sofistas dessa mesma maneira erguendo o dedo médio? Então, quando o homem já estava louco de raiva, ele disse: Esta é a pessoa certa, eu a indiquei para você. Pois um homem não se mostra pelo dedo, como uma pedra ou um pedaço de madeira, e, sim, quando qualquer pessoa mostra os princípios desse homem; dessa forma, ele se mostra como um homem.

Vejamos também os seus princípios. Pois não está claro que você não valoriza sua própria vontade ([do grego: PROAIRESIS]), ou você olha externamente para as coisas que são independentes da sua vontade? Por exemplo, o que certa pessoa vai dizer? O que as pessoas vão pensar de você? Será considerado um homem ainda em fase de aprendizado? Você leu Crisipo ou Antípatro? Porque, se também leu Arquídamo, você tem tudo (que pode desejar). Por que ainda está inquieto para não nos mostrar quem você é? Você me permitiria dizer que tipo de homem nos mostrou ser? Revelou-se para nós como um sujeito mesquinho, queixoso, impulsivo, covarde, que tudo critica, que culpa a todos, que jamais se cala, vaidoso – é isso que nos mostrou. Vá embora agora e leia Arquídamo; e, se um rato pular e fizer barulho, você é um homem morto. Pois tal morte o aguarda como o fez com – qual era o nome do homem? – Crinis; e ele também estava orgulhoso por compreender Arquídamo. Desgraçado, você não vai abrir mão dessas coisas que não lhe dizem respeito? Tais coisas são adequadas para quem sabe aprendê-las sem perturbação, para quem é capaz de dizer: "Não estou sujeito à ira, à tristeza, à inveja; não sou impedido, não sou reprimido. O que resta para mim? Tenho lazer, estou tranquilo. Vejamos como devemos lidar com argumentos sofísticos; como quando um homem aceita uma hipótese que não levará a nada que seja absurdo". Essas coisas pertencem a ele. Aos que estão felizes convém acender uma fogueira, oferecer um jantar; se quiserem, tanto para cantar quanto para dançar. Mas quando o navio está afundando, você vem até mim e iça as velas.

Qual é o assunto em que um homem bom deve ser empregado, e o que nós mesmos devemos praticar essencialmente

A matéria-prima para o homem sábio e bom é a sua própria faculdade dominante; já o corpo é para o médico e o alipto (o homem que lubrifica as pessoas com essência depois do banho); a terra é a do lavrador. O princípio do homem sábio e bom é usar as aparências de acordo com a natureza: como é da natureza de toda alma concordar com a verdade, discordar do falso e permanecer duvidoso quanto ao que é incerto; dessa forma, é a sua natureza ser movida rumo ao desejo do bem e à aversão ao mal; em relação ao que não é bom nem mau, a sensação é indiferente, afinal, assim como o cambista (banqueiro) não pode rejeitar a moeda de César, nem o vendedor de ervas – se você mostrar a moeda, quer ele queira ou não, ele há de desistir daquilo que é vendido pela moeda –, assim também ocorre quando se trata da alma. Quando o bem surge, imediatamente atrai para si mesmo; já o mal repele de si mesmo. Contudo, a alma nunca rejeitará a aparência manifesta do bem, assim como as pessoas não rejeitarão a moeda de César. Toda movimentação, tanto do homem quanto de Deus, depende desse princípio.

Essencialmente, um homem deve praticar contra (ou em relação a) esse tipo de coisa. Assim que você sair pela manhã, analise todo homem que vir e ouvir, então responda a uma pergunta: o que você viu? Um homem bonito ou uma mulher bonita? Aplique a regra. Isso é algo que independe da vontade ou depende dela? Independe. Abstraia. O que você viu? Um homem lamentando a morte de uma criança. Aplique a regra. A morte é algo independente da vontade. Abstraia. Você se encontrou com o procônsul? Aplique a regra. O escritório de um procônsul é algo independente ou dependente da vontade? Independente. Abstraia isso também; não resista à análise, abstraia, não significa nada para você.

Se praticássemos isso e nos exercitássemos diariamente, de manhã à noite, algo de fato seria realizado. No entanto, agora somos imediatamente pegos meio que adormecidos por todas as aparências, e somente na escola somos despertados um pouco, se é que alguma vez o fomos. Então, quando saímos, se vemos um homem lamentando, dizemos: "Ele está dilacerado". Se vemos um cônsul: "Ele está feliz". Se vemos um homem exilado: "Ele está se sentindo um miserável". Se vemos um homem pobre: "Ele está infeliz; ele não tem nada para comer".

Portanto, devemos erradicar essas más opiniões e direcionar todos os nossos esforços para isso. Porque, afinal, o que é chorar e se lamentar? Opinião. O que é azar? Opinião. O que é sedição civil, opiniões divergentes, culpa, acusação, impiedade, leviandade? Todas essas coisas são opiniões, e nada além disso; opiniões sobre coisas que são independentes da vontade, como se fossem boas e más. Permita que um homem transfira essas opiniões para coisas dependentes da vontade e, assim, eu me comprometo com que ele se torne firme e constante, qualquer que seja o estado das coisas ao seu redor. Tal como um copo de água é a alma, tal qual é o raio de luz que cai sobre a água, essas são as aparências. Quando a água se move, o raio também parece se mexer, mas ele permanece parado. Então, quando um homem é tomado pela vertigem, não são as artes e as virtudes a serem confundidas, mas o espírito (o poder nervoso) no qual elas são impressas; agora, se o espírito for restaurado ao seu estado já estabelecido, tais coisas também serão.

Mistura

Quando alguém perguntou a ele como se deu o fato de que, sendo a razão aquilo mais cultivado pelos homens da época atual, se o progresso feito em outros tempos era maior, ele respondeu: Em que aspecto foi mais cultivado agora, e em que aspecto o progresso foi maior antes? Pois naquilo em que agora foi mais cultivado, também o progresso será encontrado. Atualmente, tem sido cultivado com o propósito de resolver silogismos, e o progresso é realizado. Porém, antigamente, ele era cultivado com o propósito de manter a faculdade regente sob uma condição que estivesse em conformidade com a natureza, e o progresso era realizado. Portanto, não misture coisas que são diferentes e não espere, quando estiver trabalhando em algo, progredir em outra coisa. Mas note se algum homem entre nós, quando está empenhado nisso, ao se manter em um estado que esteja em conformidade com a natureza e vivendo assim constantemente, não progride. Pois você não encontrará tal homem.

Não é fácil exortar jovens fracos; da mesma forma que não é segurar o queijo (macio) com um gancho. Agora, aqueles que têm uma boa disposição natural, mesmo que você tente afastá-los, eles se apegam ainda mais à razão.

Sobre o administrador das cidades livres que foi um epicurista

Quando o administrador foi visitá-lo, e o homem era um epicurista, Epicteto disse: "Convém a nós, que não somos filósofos, perguntar a vocês, que são, como aqueles que vêm até uma cidade estranha perguntam para os cidadãos e àqueles que conhecemos o que existe de melhor no mundo, para que também nós, depois desse questionamento, possamos ir em busca do que há de melhor e, então, olhar para isso da mesma forma como os estranhos fazem com as coisas nas cidades". "Para isso há três coisas que se relacionam com o homem – a alma, o corpo e as coisas externas, dificilmente alguém nega. Resta a vocês, filósofos, responder o que é melhor". Mas o que diremos aos homens? Que é a carne a melhor? E foi para isso que Máximo navegou até Cássio no inverno (ou mau tempo) com seu filho, e o acompanhou para que ele pudesse ser gratificado na carne? Quando o homem disse que não era, e acrescentou: "Longe dela", "Então não é adequado", disse Epicteto, "estar ativamente ocupado com o que há de melhor? É, certamente, de todas as coisas, a mais adequada. O que, então, possuímos que é melhor do que a carne?". "A alma", ele respondeu. "E as coisas boas das melhores são as melhores, ou as coisas boas das piores?". "As coisas boas das melhores". "E as coisas boas das melhores estão dentro do poder da vontade ou não?". "Elas estão dentro do poder da vontade". "Então o prazer da alma é uma coisa que está dentro do poder da vontade?". "Sim", respondeu ele. "E do que dependerá esse prazer? De si mesmo? Mas isso não pode ser concebido, porque primeiro deve existir certa substância ou natureza ([do grego: OUSIA]) do bem, por meio da qual teremos prazer na alma". Ele concordou com isso também. "Do que, então, dependeremos para esse prazer da alma? Pois, se dependermos das coisas da alma, a substância (natureza) do bem é descoberta, afinal, o bem não pode ser uma coisa e, aquilo em que nos deleitamos racionalmente, outra; nem se aquilo que precede não seja bom, o que vem depois pode ser bom porque, para que o que vem em seguida seja bom, o que precede precisa ser bom também. Mas você não afirmaria algo do tipo se estivesse em seu juízo perfeito, pois diria que é inconsistente tanto com Epicuro quanto com o resto de suas doutrinas. Portanto, o que resta é o fato de que o prazer da alma está no prazer das coisas do corpo, ainda que essas coisas corporais devam ser as que precedem e a substância (natureza) do bem.

Procure por doutrinas que sejam consistentes com isso que eu digo e, ao fazer delas seu guia, com prazer você se abstém de coisas que têm poder persuasivo para nos guiar e nos dominar. Agora, se para o poder de persuasão dessas coisas também inventarmos uma filosofia como essa, que ajuda a nos empurrar na direção delas e nos fortalece para tal fim, qual será a consequência? Em uma peça de arte torêutica, qual é a melhor parte? A prata usada ou a mão que a fez? A substância da mão é a carne, porém, o trabalho da mão é a parte principal (a que precede e conduz o resto). Os deveres, então, são também três: os voltados para a existência de uma coisa; os voltados para a sua própria existência em um tipo particular; e terceiro, as próprias coisas essenciais ou principais. Assim, também no que diz respeito ao homem, não devemos valorizar o material, a carne pobre, e, sim, aquilo que é essencial (as coisas principais [do grego: TA PROAEGOUMENA]). E quais são essas coisas? Envolver-se em assuntos públicos, casar-se, gerar filhos, venerar a Deus, cuidar dos pais e, geralmente, ter desejos, aversões ([do grego: ECHCHLINEIN]), perseguições de coisas e evitações, a maneira como devemos fazer essas coisas e de acordo com a nossa natureza. E como somos constituídos pela natureza? Livres, nobres, modestos; para aquilo de que outro animal se envergonha? Que outro é capaz de receber a aparência (a impressão) da vergonha? Nós somos constituídos pela natureza, de modo a sujeitar o prazer a tais coisas, como um ministro, um servo, a fim de que nossa atividade possa ser levada adiante, a fim de nos mantermos constantes nas atitudes que são conformes à natureza.

Como devemos nos exercitar contra as aparências ([do grego: *phantasias*])

Assim como nos exercitamos contra questões sofísticas, devemos fazê-lo diariamente contra as aparências, pois essas aparições também nos propõem questionamentos. O filho de certa pessoa está morto. Responda: se a coisa não está no poder da vontade, não é um mal. Um pai deserdou certo filho. O que você acha sobre isso? É algo que está além do poder da vontade, não é um mal em si. César condenou uma pessoa. É uma coisa além do poder da vontade, portanto, não é um mal. O homem sofre com isso. A aflição é algo que depende da vontade, então é um mal. Ele suportou a condenação de forma corajosa. Isso é uma coisa que está dentro do poder da vontade, então é um bem. Se nos treinarmos dessa maneira progrediremos porque jamais concordaremos com nada do qual não haja uma aparência capaz de ser compreendida. O seu filho está morto. Mas o que aconteceu? Seu filho está morto. Nada mais além disso? Nada. O seu navio está perdido. O que aconteceu? Seu navio está perdido. Um homem foi levado para a prisão. E o que aconteceu? Conduziram-no à prisão. Mas, se aqui ou ali ele se saiu mal, isso cada homem acrescenta a partir de sua própria opinião. Você, então, diz: "Mas Zeus não faz o certo nessas questões". Por quê? Por que ele o fez capaz de suportar? Por que ele o fez magnânimo? Por que ele tirou o poder de ser o mal daquilo que lhe acontece? Por que está em seu poder ser feliz enquanto sofre o que sofre? Por que ele abre a porta para você quando as coisas não lhe agradaram? Homem, saia por aí e não reclame!

Ouça como os romanos se sentem em relação aos filósofos, se você quiser saber. Certa vez, Itálico, o mais famoso dos filósofos, quando eu estava presente, aborrecido com seus próprios amigos e como se estivesse sofrendo algo intolerável, disse: "Não consigo suportar, você está me matando. Você vai fazer de mim o mesmo que esse homem aqui", apontando para mim.

Sobre certo retórico que foi até Roma por conta de uma petição

Quando certa pessoa que se dirigia a Roma por causa de uma petição que dizia respeito à sua posição se aproximou dele, Epicteto perguntou o motivo de sua ida à cidade, e o homem perguntou o que ele pensava sobre o assunto. Epicteto respondeu: "Se você me perguntar o que fará em Roma, se terá sucesso ou fracasso, não tenho qualquer norma ([do grego: THEORAEMA]) sobre isso. Agora, se me perguntar como você se sairá, isso eu posso lhe dizer: se tiver opiniões corretas ([do grego: DOGMATA]), sair-se-á bem; se elas forem falsas, sair-se-á mal. Pois para todo homem, a causa da sua atitude é a opinião. Por que razão deseja ser eleito governador dos moradores de Cnossos? Isso é sua opinião. Qual é a razão por meio da qual você está indo agora para Roma? Sua opinião. E de ir no inverno, com perigos e despesas?". "Eu preciso ir". "O que lhe diz isso? A sua opinião. Portanto, se as opiniões são as causas de todas as atitudes e um homem tem opiniões ruins, qualquer que seja a causa, esse também é o efeito! Logo, temos todas as opiniões sensatas, tanto você quanto o seu adversário? E como você se difere dele? Você tem opiniões mais sólidas do que as do seu adversário? Por quê? Você acha que sim. Da mesma forma, ele pensa que as opiniões dele são melhores; e os loucos também. Esse é um critério ruim. Mas me mostre que você fez alguns questionamentos sobre as suas opiniões e se esforçou perante elas. E como agora você está navegando rumo a Roma a fim de se tornar governador dos cnossianos, não se contentando em permanecer em casa com as honras que teve, mas desejando algo maior e mais visível, então em que momento você fez uma viagem com o propósito de analisar suas próprias opiniões e refutá-las caso haja alguma que seja ruim? Quem você procurou para cumprir tal finalidade? Qual horário você fixou para tal? Que ano? Repasse os tempos da sua vida sozinho: se você tem vergonha de si mesmo (sabendo o fato) quando era menino, analisou suas próprias opiniões? E nesse período você, então, não agiu como age agora? Quando ficou mais velho, já era um jovem rapaz e passou a frequentar os retóricos, praticando a retórica por conta própria, em quais aspectos você imaginava ser deficiente? E quando você era jovem e se ocupava com os assuntos públicos, defendia causas e ganhava reputação, quem, então, parecia ser seu igual? E quando teria se submetido a qualquer homem que analisasse e mostrasse a você que as suas opiniões são ruins? Portanto, o que você deseja que eu lhe diga?". "Ajude-me nessa questão". "Eu não tenho nenhuma teoria pronta (regra) para isso. Nem você. Se veio a mim com esse propósito, que o faça como se faz a um filósofo, mas como a um vendedor de legumes ou um sapateiro". "Então, para que propósitos os filósofos detêm teoremas?". "Para isso, para que, seja lá o que acontecer, a nossa faculdade regente seja e continue sendo algo que esteja em conformidade com a natureza. Isso lhe parece algo pequeno? Não, mas é, na verdade, a maior das coisas. O que então? Isso precisa apenas de um curto período de tempo? E é possível retê-lo conforme ele passa? Se puder, então o agarre.

Então você dirá: "Eu me deparei com Epicteto assim como o faria ao encontrar uma pedra ou uma estátua diante de mim, pois você me viu, e nada além disso". Mas ele se encontra com um homem como o é, um homem que aprende suas opiniões e, por sua vez, também mostra as dele. Conheça minhas opiniões, mostre-me as suas e depois diga que me visitou. Vamos analisar um ao outro: se tenho alguma opinião ruim, tome-a; se você tiver, mostre-a. É isso o que significa o encontro com um filósofo. Não é assim (você diz): mas essa é apenas uma visita passageira; enquanto estamos alugando a embarcação também podemos ver Epicteto. Vejamos o que ele diz. Aí você vai embora e fala: "Epicteto não era nada, usava solecismos e falava de uma maneira bárbara". E por qual outro motivo vocês vêm como juízes? Bem, no entanto, um homem pode me dizer que, se eu cuidar de tais assuntos (como você), não terei terra, assim como você não tem; não terei taças de prata como você nem animais finos como você. Em resposta ao dinheiro, talvez seja o bastante dizer: eu não preciso de tais coisas; agora, se você tem muitas delas, precisa de outras; quer você admita ou não, é mais pobre do que eu. Então do que eu preciso? Daquilo que você não tem? De firmeza, uma mente que se coloque em conformidade com a natureza, de ser livre de perturbações.

DE QUE MANEIRA DEVEMOS SUPORTAR A DOENÇA

Quando surgir a necessidade de cada opinião, devemos tê-la à mão: no desjejum, as opiniões relacionadas a ele; no banho, as que dizem respeito a ele; na cama, aquelas que se tratam dela.

> QUE O SONO NÃO CAIA SOBRE OS SEUS OLHOS LÂNGUIDOS
> ANTES DE QUE CADA AÇÃO DIÁRIA, ANALISE;
> O QUE ESTÁ ERRADO, FEITO, O QUE SE DEIXOU DE FAZER;
> DA PRIMEIRA À ÚLTIMA, ANALISE TUDO, E, ENTÃO,
> CENSURE AQUILO QUE ESTÁ ERRADO, REGOZIJE-SE NO QUE ESTÁ CERTO.

E nós devemos reter esses versos de maneira que possamos usá-los, mas não para pronunciá-los em voz alta, como quando exclamamos o "Hino de Apolo". De novo, uma vez na febre, devemos ter de prontidão as opiniões que concernem à febre; e não devemos, em vez disso, assim que a febre começar, perder e esquecer tudo. Um homem que está com febre pode dizer: "Se eu filosofar mais, que eu seja enforcado; para onde quer que eu vá, preciso cuidar deste pobre corpo para que nem haja febre". Mas o que é filosofar? Não é uma preparação contra os eventos que podem acontecer? Você não entende que está dizendo algo desse tipo? "Se eu me preparar para suportar com paciência o que vier a acontecer comigo, que eu seja enforcado". Isso é o equivalente a se um homem, depois de receber golpes, abandonasse o Pancrácio. Uma vez dentro do Pancrácio, está sob o nosso poder desistir e não mais receber golpes.

No entanto, em relação ao outro assunto, se desistirmos da filosofia, o que ganharemos com isso? Mas, então, o que um homem deve dizer diante de cada coisa dolorosa? Foi para isso que pratiquei, para isso me disciplinei. Deus lhe diz: "Dá-me uma prova de que praticou devidamente o atletismo, que comeu o que realmente devia, que se exercitou, que obedeceu aos aliptos (homens que lubrificam as pessoas com essências depois do banho)." Então você se mostra fraco quando chega a hora da ação? Chegou a hora da febre. Que ela seja bem suportada. Chegou a hora da sede, suporte-a bem. Chegou a hora da fome, aguente firme. Não está em seu poder? Quem lhe impedirá? O médico o impedirá de beber, mas ele não é capaz de impedi-lo de aguentar bem a sede; e ele pode até impedir você de comer, porém não consegue impedi-lo de suportar bem a fome.

Mas não consigo continuar os meus estudos filosóficos. E com que propósito você os segue? Escravo, não é para ser feliz, mas para ser constante; não é para se manter em um estado conforme a natureza e viver assim? Quando você está com febre, o que o impede de ter a sua faculdade regente em conformidade com a natureza? Aqui está a prova da coisa em si, aqui está a provação do filósofo. Isso também faz parte da vida; é como caminhar, velejar ou viajar por terra; da mesma forma também o é a febre. Você lê enquanto anda? Não. Nem quando está com febre. Porém, se você anda direito, tem tudo aquilo que pertence a um homem que anda. Se suporta bem uma febre, tem tudo o que pertence a um homem febril. E o que significa suportar bem uma febre? Não culpar a Deus por ela ou ao homem; não se afligir com o que acontece, esperar a morte bem e de maneira nobre, fazer o que deve ser feito; quando o médico entrar, não se assustar com o que ele disser nem ficar feliz demais se ele afirmar que você está indo bem. Para qual bem ele lhe disse? Quando você estava com saúde, de que isso lhe adiantava? Mesmo que ele diga que você está mal, não desanime diante disso, pois o que significa estar doente? Que você está perto de a sua alma se separar do seu corpo? E que mal há nisso? Se você não está perto agora, não estará depois? Por acaso o mundo vai virar de cabeça para baixo quando você morrer? Então, por que você bajula o médico? Por que você diz: "Por favor, mestre, eu ficarei bem?". Por que você dá a ele uma oportunidade de erguer as sobrancelhas (ser orgulhoso ou exibir a sua importância)? Você não valoriza um médico da mesma forma como o faz quando um sapateiro mede os seus pés, ou quando um carpinteiro está construindo a sua casa, e dessa forma trata o médico como um corpo que não é seu e, sim, morto por natureza? Alguém que tem febre tem a chance de fazer o seguinte: se age dessa forma, tem o que lhe pertence, afinal, não é tarefa de um filósofo cuidar de tais coisas externas nem de seu vinho, de seu óleo, de seu pobre corpo, mas de seu próprio poder regente. Porém, quanto aos externos, como ele deve agir? Não ser descuidado com eles. Então, onde há razão para temer? Onde ainda existe razão para raiva e medo sobre aquilo que pertence aos outros, sobre as coisas que não têm valor? Devemos ter estes dois princípios em prontidão: com exceção da vontade, nada é bom ou ruim; não devemos liderar os acontecimentos, mas acompanhá-los. "O meu irmão não deveria ter se comportado dessa forma comigo". Não, porém ele vai lidar com isso; e não importa como ele se comporte, eu me comportarei como devo em relação a ele. Porque este é o meu próprio problema – o que pertence ao outro, ninguém é capaz de se prevenir disso; a outra coisa pode ser impedida.

Sobre praticar

As nossas práticas não devem consistir em meios contrários à natureza e adaptados para causar admiração, pois, se assim o fizermos, nós, que somos chamados de "filósofos", em nada nos diferiremos dos malabaristas. Pois é difícil até mesmo andar em uma corda; e não só difícil como também perigoso. Por isso mesmo devemos praticar andar em uma corda, ou mesmo erguer uma palmeira, abraçar estátuas? De jeito algum. Tudo aquilo que é difícil e perigoso não é adequado à prática; porém, é adequado tudo aquilo que conduz à realização daquilo que nos é proposto. E o que é isso que nos é proposto como algo a ser praticado? Viver com desejo e aversão (evitar determinadas coisas), livre de restrições. E o que significa isso? Nem ficar desapontado com o que você deseja nem se render a qualquer coisa que você evitaria. E é na direção de tamanho objetivo, portanto, que a prática (o exercício) deve ser conduzida. Afinal, como não é possível ter seu desejo não frustrado e a sua aversão livre de se render àquilo que você evitaria sem uma intensa e constante prática, você deve saber que, caso permita que seu desejo e sua aversão se voltem a coisas que não estão sob o poder da vontade, você não terá o seu desejo em um ponto capaz de atingir seu objetivo nem a sua aversão estará livre da incapacidade de evitar o que você evitaria. Como o hábito forte é aquilo que conduz (prevalece), e estamos acostumados a empregar o desejo e a aversão apenas a coisas que não estão ao nosso alcance, devemos opor a esse hábito um que seja contrário, e, onde há grande tendência a escorregar na direção das aparências, ali se deve colocar como oposição o hábito da prática. Portanto, e finalmente, se a ocasião se apresentar diante de você com o propósito de tentá-lo no momento oportuno, você descerá até a arena para saber se as aparências o dominam como antigamente. Contudo, primeiro se apresse para longe daquilo que é mais forte do que você; a disputa entre uma jovem encantadora e um iniciante em filosofia é desigual. O jarro de barro, como diz o ditado, e a rocha, não concordam.

O QUE É A SOLIDÃO E QUE TIPO DE PESSOA É UM HOMEM SOLITÁRIO

A solidão é determinada condição de um homem indefeso. Afinal, o fato de um homem estar sozinho não significa que ele também seja solitário; da mesma forma se estiver em meio a uma multidão – ele não é, portanto, solitário. Quando perdemos um irmão, um filho ou um amigo com quem estávamos acostumados a contar, dizemos que ficamos solitários, embora, muitas vezes, estejamos em Roma, rodeados por uma multidão, mesmo que tantos vivam no mesmo lugar e, por vezes, ainda tenham uma grande quantidade de escravos. O homem solitário, como ele é concebido, é considerado uma pessoa indefesa e exposta a quem quiser prejudicá-lo. Justamente por isso, quando viajamos, dizemos especialmente que estamos sozinhos quando nos vemos entre ladrões, porque não é a visão de uma criatura humana que nos afasta da solidão e, sim, a de alguém que é fiel, modesto e prestativo para conosco. Porque, se estar só é suficiente para criar a solidão, você pode afirmar que até mesmo Zeus é alguém solitário na conflagração e até se lamenta dizendo: "Tão infeliz que eu não tenha Hera, nem Atena ou Apolo, nem irmão ou filho, nem descendente ou qualquer parente". Isso é o que alguns dizem que ele faz quando está sozinho na conflagração. Pois não entendem como um homem consegue seguir com a sua vida quando está sozinho porque partem de certo princípio natural, daquele desejo natural de comunidade, do amor mútuo e do prazer que advém da conversa entre os homens. No entanto, o homem deve estar preparado também para isso (estar sozinho), para, assim, poder ser suficiente para si mesmo e ser o seu próprio companheiro. Afinal, assim como Zeus vive consigo mesmo e está tranquilo, pensando em sua própria administração e natureza, ocupando-se com pensamentos adequados a si mesmo, também dessa maneira nós devemos ser capazes de conversar conosco, não sentir a falta dos outros; além de não sermos desprovidos de meios de passarmos o nosso tempo; observar a administração divina e a relação de nós mesmos com todo o resto; considerar como antigamente éramos afetados pelas coisas que aconteciam e como somos agora, no presente; quais ainda são aquelas coisas que nos causam dor; como essas coisas também podem ser curadas e arrancadas – se alguma coisa requer aperfeiçoamento, é preciso melhorá-la conforme a razão.

E se algum homem vier até mim quando eu estiver sozinho e me matar? Seu tolo! Ele não vai matá-lo, mas o seu pobre corpo.

Então, que tipo de solidão resta? O que ela quer? Por que nos tornamos piores do que as crianças? E o que elas fazem quando são deixadas sozinhas? Elas pegam conchas e cinzas, constroem alguma coisa, depois destroem, em seguida constroem outra coisa, e, dessa forma, elas nunca almejam os meios de passar o tempo. Logo, se você navegar para longe, devo me sentar e chorar porque fui deixado sozinho e fiquei solitário? Não terei, portanto, nem conchas nem cinzas? Só que as crianças fazem o que fazem por falta de pensamento (ou por uma ausência de conhecimento), e nós, por meio do conhecimento, somos infelizes.

Todo grande poder (faculdade) é perigoso para os iniciantes. Então você deve suportar as coisas que for capaz, mas sempre de acordo com a natureza; mas caso não... Pratique algumas vezes um modo de viver como faz uma pessoa sem saúde para que, em algum momento, você possa viver como um homem saudável.

Certas misturas são importantes

Assim como os maus atores trágicos não conseguem cantar sozinhos, apenas quando estão na companhia de muitos, algumas pessoas não conseguem andar sozinhas. Homem, se você é alguma coisa, ande sozinho e fale consigo mesmo, não se esconda no meio do coral. No fim, analise um pouco, olhe ao redor, mexa-se, para que você possa saber quem você é.

Você deve arrancar dos homens estas duas coisas: a arrogância (o orgulho) e a desconfiança. A arrogância é a opinião de que você não quer nada (não tem deficiências em nada); porém, a desconfiança é a opinião de que você não é capaz de ser feliz quando tantas circunstâncias o cercam. A arrogância é removida pela refutação; e Sócrates foi o primeiro a praticar isso. É preciso (saber) que não é uma coisa impossível sobre a qual indagar e buscar. E essa busca não lhe fará mal; de certa maneira, isto é filosofar: buscar a forma por meio da qual é possível empregar desejo e aversão ([do grego: ECHCHLISIS]) sem quaisquer impedimentos.

"Eu sou superior a você porque meu pai é um cônsul". Outro diz: "Eu já fui tribuno, mas você, não". Se nós fôssemos cavalos, você diria: "O meu pai era mais veloz"? Eu tenho muita cevada e palha, ou mesmo colares elegantes. Se você em algum momento disse isso, eu falei: "Que seja; então vamos correr". Bem, não existe nada em um homem que seja parecido com correr em um cavalo para que assim se saiba qual é o superior e o inferior? Não existe modéstia ([do grego: AIDOS]), fidelidade, justiça? Mostre-se superior nesse quesito para que você possa ser superior enquanto homem. Se você me disser que é capaz de chutar de forma violenta, eu também lhe direi que você se orgulha dessa que é uma atitude de asno.

Devemos agir com prudência diante de tudo[1]

Em cada ato considere o que precede e o que se segue a ele, então, aí, sim, prossiga para o ato em si. Se você não considerar tal coisa, começará primeiro com o espírito, já que não pensou em todas as coisas que se seguem; porém, depois, quando algumas consequências se revelarem, você desistirá de forma vil (daquilo que você começou). "Eu desejo vencer os jogos olímpicos" (e eu também, pelos deuses, porque é uma coisa boa). Mas considere aqui o que precede e o que segue a isso e, então, se for para o seu bem, dedique-se a colocar a coisa em prática. Você deve agir conforme as regras, seguir uma dieta rigorosa, abster-se de iguarias, exercitar-se compulsivamente em horários fixos, faça calor, faça frio; não beba água fria nem vinho quando houver a oportunidade de bebê-lo. Em resumo, você precisa se entregar ao treinador da mesma forma como o faz a um médico. A seguir, já na competição, você vai ser coberto por areia, às vezes deslocar uma mão, torcer um tornozelo, engolir certa quantidade de poeira, ser açoitado com chicote; depois de passar por tudo isso, às vezes até vai ser vencido. Após considerar todas essas coisas, se você ainda tiver uma inclinação a participar dos jogos olímpicos, então vá para a prática atlética. Se não as considerar, observe que você se comportará como as crianças que ora brincam como lutadores, ora fingem ser gladiadores, em seguida tocam uma trombeta, depois agem como se estivessem atuando em uma tragédia, quando viram e admiraram essas coisas. Assim você também o faz: ao mesmo tempo em que é um lutador (atleta), depois é um gladiador, em seguida um filósofo, um retórico; porém, com toda a sua alma, você, na verdade, é nada: assim como o macaco, você imita tudo aquilo que vê, e sempre uma coisa após a outra lhe agrada; todavia, aquilo que se torna familiar acaba por lhe desagradar. Você nunca se dedicou a colocar nada em prática depois de considerar nem depois de ter explorado todo o assunto e submetido-o a uma análise rigorosa; entretanto, você

---

1   Compare Enquirídio, 29.

o fez ao acaso e com um desejo frio. Dessa forma, algumas pessoas que viram um filósofo e ouviram alguém falar como Eufrates – ainda que não haja quem possa falar como ele – desejam elas mesmas ser filósofos.

Homem, primeiro considere qual é o assunto (aquilo que você se propõe a fazer), em seguida também a sua própria natureza, o que você é capaz de suportar. Se for um lutador, observe seus ombros, suas coxas, seus lombos, pois homens diferentes naturalmente são moldados para fazer coisas diferentes. Você acha que, se o fizer (aquilo que você está fazendo diariamente), vai ser capaz de se tornar um filósofo? Você acha que pode comer e comer da mesma forma como faz agora, e ficar com raiva e sem humor tanto quanto fica agora? Você precisa vigiar, trabalhar, conquistar determinados desejos, afastar-se dos seus parentes, ser desprezado pelos seus escravos, ridicularizado por aqueles que o encontram – em tudo você deve estar em uma condição inferior quanto ao magistério, nas honras, nos tribunais de justiça. Quando tiver considerado todas essas coisas por completo, aí, sim, se você achar que é apropriado, aproxime-se da Filosofia para ganhar em troca todas estas coisas: o livramento das perturbações, a liberdade, a tranquilidade. Agora, se você não considerou essas coisas, não se aproxime da Filosofia: não aja como as crianças, sendo ora um filósofo, ora um cobrador de impostos, em seguida um retórico e, por fim, um procurador (oficial) de César. Essas coisas não são consistentes. Você deve ser um homem bom ou mau; precisa trabalhar em sua própria faculdade regente ou nas coisas externas; trabalhar nas coisas internas ou nas externas; o que significa que você deve ocupar o lugar de um filósofo ou o de um homem banal.

Quando Galba foi assassinado, uma pessoa disse a Rufo: "Agora o mundo é governado pela Providência?". E Rufo respondeu: "Alguma vez eu formulei, ainda que incidentalmente, um argumento de Galba de que o mundo é governado pela Providência?".

DEVEMOS ENTRAR COM CUIDADO NAS RELAÇÕES COM HOMENS

Se um homem mantém relações frequentes com outros homens, seja para conversar, beber juntos ou, muitas vezes, para fins sociais, ele deve se tornar igual a eles ou, então, mudá-los à sua própria imagem. Porque, se um homem coloca um pedaço de carvão apagado próximo de um que está em brasa, ou o carvão em seu estado natural apagará o outro ou o carvão queimado acenderá o que está apagado. Portanto, como o perigo é tão grande, devemos entrar com muita cautela em tais intimidades com os homens do tipo comum; é preciso lembrar-se de que é impossível um homem ser capaz de fazer companhia a alguém que está coberto de fuligem sem ele mesmo se sujar. Afinal, o que você fará se um homem falar sobre gladiadores, cavalos, atletas ou o que há de pior nos homens? Tal pessoa é má, tal é boa; isso foi bem-feito, aquilo foi malfeito. Além disso, e se ele zombar, ridicularizar ou mostrar uma disposição mal-humorada? Algum homem entre nós está preparado, assim como um tocador de alaúde está quando pega o instrumento, de modo que, assim que toca nas cordas, descobre quais são as desajustadas e, então, afina o instrumento musical? Ou como o grande poder que Sócrates tinha, de, em todas as suas relações sociais, ser capaz de levar seus companheiros ao seu próprio propósito? Como você haveria de ter esse poder? Logo, é uma consequência necessária que você seja arrastado pelo tipo mais comum de pessoas.

Então, por que eles são mais poderosos do que você? Porque proferem essas palavras inúteis a partir de suas opiniões reais; no entanto, você pronuncia suas palavras elegantes somente a partir dos seus lábios; por isso eles estão sem forças e mortos; é nauseante ouvir suas exortações e sua virtude miserável, sobre a qual se fala em todos os lugares (de um lado a outro). Dessa forma, o homem comum tem vantagem sobre você porque toda opinião ([do grego: DOGMA]) é forte e invencível. Até então os bons ([do grego: CHOMPSAI]) sentimentos ([do grego: HUPOLAEPSEIS]) estão fixados em você e, assim, terá adquirido certo poder para sua segurança; portanto, eu o aconselho a ser cuidadoso quanto à sua associação com pessoas comuns; se não for, todos os dias, assim como a cera exposta ao sol, derreterá tudo o que se inscrever em suas mentes na escola. Logo, afaste-se do sol enquanto tiver esses sentimentos de cera. É por isso que os filósofos também aconselham os homens a deixar de lado a sua pátria, porque os hábitos antigos os distraem e não permitem que se inicie um hábito diferente; nem podemos tolerar os que nos encontram e dizem: "Veja, agora esse, que já foi o fulano de tal, é um filósofo". E dessa forma os médicos também enviam para um país diferente e um ar diferente aqueles que têm doenças persistentes; e eles fazem o certo. Você também introduz outros hábitos além daqueles que tem; fixe suas opiniões e estabeleça suas práticas com base nelas. Mas você não faz isso, por conseguinte, vai para um espetáculo, um verdadeiro show de gladiadores, um local de exercícios ([do grego: CHUSTON]), um circo; e, então, você retorna para cá e, mais uma vez, a partir desse lugar, você vai para aqueles lugares, mas ainda assim são as mesmas pessoas. E não há hábito agradável (bom), nem atenção, nem mesmo preocupação consigo mesmo ou observação desse tipo. Mas como eu devo usar as aparências apresentadas diante de mim? Em conformidade com a natureza ou em contrariedade a ela? Como eu as respondo? Como devo ou como não devo? Refiro-me às coisas independentes da vontade que não me dizem respeito? Se você ainda não está nesse estado, fuja dos seus hábitos anteriores, fuja do tipo comum se você pretende algum dia começar a ser alguma coisa.

Sobre a providência

Quando você fizer qualquer acusação contra a Providência pondere e, então, aprenderá que tal coisa aconteceu de acordo com a razão. Sim, porém o homem injusto tem a vantagem. Mas em quê? No dinheiro. Sim, porque ele é superior a você nesse aspecto, que lisonjeia, está livre de vergonha e é vigilante. Mas qual é o questionamento aí? Perceba se ele tem vantagem sobre você em ser fiel, em ser modesto, pois você não achará que isso se dá dessa forma; no entanto, naquilo em que você é superior, descobrirá que, na verdade, tem a vantagem. Certa vez eu disse o seguinte para um homem que estava irritado porque Filostorgo teve sorte: "Você escolheria se deitar com Sura?". "Esse dia jamais chegaria", respondeu ele. "Então, por que você está aborrecido se ele recebe algo em troca do que vende? Como você pode considerar feliz aquele que adquire tais coisas por meios que você abomina? Ou que mal faz a Providência se ela dá as melhores coisas aos melhores homens? Não é melhor ser modesto do que ser rico?". Ele admitiu que sim. "Então, por que você está aborrecido, homem, quando tem coisa melhor? Lembre-se sempre disso e tenha em mente a verdade. Esta é uma lei da natureza: o superior tem vantagem sobre o inferior naquilo em que é superior; dessa forma, você nunca ficará aborrecido".

Mas a minha esposa me trata mal. Bem, se algum homem lhe perguntar o que é isso, diga a ele: "A minha esposa me trata mal". Então, não há mais nada a ser feito quanto a isso? Nada. Meu pai não me dá nada (o que é isso? O meu pai não me dá nada. Não há mais nada a fazer então? Nada). Porém, dizer que isso é um mal é algo acrescentado externa e falsamente. Por isso não devemos nos livrar da pobreza e, sim, da opinião sobre ela. Só assim seremos felizes.

Sobre cinismo

Quando um dos alunos de Epicteto perguntou se ele era uma pessoa que parecia inclinada ao cinismo, que tipo de pessoa um cínico deveria ser e qual era a noção ([do grego: PROLAEPSIS]) desse conceito, Epicteto disse: "Vamos indagar sobre isso sem pressa; porém, eu tenho tanto a dizer a você quanto aquele que sem Deus tenta abordar um assunto tão grande e que é odioso a Deus, mas não tem outro propósito senão o de agir indecentemente em público".

Em primeiro lugar, quanto às coisas que dizem respeito a si mesmo, você não deve ser em nenhum aspecto parecido com o que faz agora; não deve culpar a Deus ou ao homem; deve eliminar completamente o desejo, transferir a evitação ([do grego: ECHLISIS]) somente às coisas que estão dentro do poder da vontade; não deve sentir raiva, ressentimento, inveja, nem mesmo piedade; uma garota não deve lhe parecer bonita, você não deve amar nem mesmo um pouco de reputação ou ficar satisfeito, como um menino, com um pedaço de bolo. Você deve saber que o resto dos homens ergue muros ao redor deles: casas e escuridão quando fazem tais coisas; eles têm muitos meios de ocultação. Um homem fecha a porta, coloca alguém diante da câmara; se uma pessoa chegar, diga que está fora, que não está à vontade de quem vier. Agora, o cínico, em vez de todas essas coisas, deve fazer uso da modéstia como sua proteção; se não o fizer, será indecente em sua nudez e sob céu aberto. Porque essa é sua casa, sua porta; esse é o escravo diante de seu quarto; essa, a sua escuridão. Afinal, ele não deve querer esconder nada do que faz; se assim o fizer, ele já se foi, perdeu o caráter de um cínico, de um homem que vive sob o céu aberto, de um homem livre. Ele começou a temer alguma coisa externa, a ter necessidade de ocultação; ele nem mesmo é capaz de obter ocultação quando bem quiser. Onde ele se esconderá e de que maneira? E se, por acaso, esse instrutor público for descoberto, esse pedagogo, quais tipos de coisas ele será obrigado a sofrer? Então, quando um homem teme tais coisas, é possível que ele seja ousado com toda a sua alma a fim de supervisionar os homens? Não, é impossível.

Em primeiro lugar, você deve tornar a sua faculdade regente pura, bem como esse modo de vida. Agora (você deveria dizer), para mim, o assunto a ser trabalhado é o meu entendimento, assim como a madeira é a matéria-prima do carpinteiro, como o couro é a do sapateiro; e a minha preocupação é o uso correto das aparências. Mas o corpo não significa nada para mim: as partes dele não são nada para mim. A morte? Pois que ela venha quando quiser, seja a morte do todo ou de uma única parte. "Voe", você diz. E algum homem é capaz de me expulsar do mundo? Ele não pode. Porém, onde quer que eu vá, existe o Sol, a Lua, as estrelas, os sonhos, os presságios e a conversa ([do grego: OMILIA]) com os deuses.

Então, se ele estiver preparado dessa maneira, o verdadeiro cínico não consegue ficar satisfeito com isso; agora, ele deve saber que um mensageiro de Zeus é enviado aos homens para contar sobre as coisas boas e as más, para mostrar a eles que vagaram e estão procurando pela substância do bem e do mal onde ela não está; o lugar onde realmente está, eles jamais imaginam; ele é um espião, assim como Diógenes foi levado até Filipe depois da batalha de Queroneia como espião. Porque, de fato, um cínico é um espião das coisas que são boas para os homens e daquelas que são más; é seu dever examinar cuidadosamente, ir e relatar a verdade, mas não ficar aterrorizado a ponto de apontar como inimigos aqueles que não o são, ou de qualquer outra forma ser perturbado pelas aparências nem, mesmo confundido por elas.

Portanto, é seu dever ser capaz de falar em voz alta, caso surja a ocasião para tal, e, ao aparecer sobre o palco da tragédia, dizer como Sócrates uma vez disse: Homens, para onde vocês estão correndo? O que estão fazendo, seus desgraçados? Como cegos, vocês vagam de um lado para o outro; estão indo por outro caminho e deixaram para trás o verdadeiro; buscam prosperidade e felicidade onde elas não estão; se outra pessoa lhes mostra onde elas realmente estão, vocês não acreditam. Por onde procuram sem crer? No corpo? Não está ali. Se você duvida, olhe para Myro, para Ophellius. Nas posses? Não está lá. Mas se você não acredita em mim, olhe para Creso, para aqueles que agora são ricos, cujas vidas estão cheias de lamentações. No poder? Não está lá. Se for, devem ser felizes aqueles que foram duas e três vezes cônsules, mas não o são. Portanto, em quem devemos acreditar quanto a essas questões? Você, que de fora vê suas responsabilidades e se deslumbra com uma aparência, ou os próprios homens? O que eles dizem? Ouça-os quando gemem de dor, quando se afligem, quando, por causa desses mesmos consulados, glória e esplendor, eles pensam ser mais miseráveis e estar sob maior perigo. Está no poder real? Não. Se estivesse, Nero teria sido feliz, e também Sardanapalo. Mas Agamenon também não estava feliz, embora fosse um homem melhor que Sardanapalo e Nero; porém, enquanto os outros roncam, o que ele está fazendo?

> "ELE ARRANCOU MUITOS DOS SEUS CABELOS ENRAIZADOS DE SUA CABEÇA."
>
> ILÍADA, X., 15

E o que ele mesmo diz?

> "ESTOU PERPLEXO", DIZ ELE,
> "E ESTOU PERTURBADO" E
> "O MEU CORAÇÃO ESTÁ PULANDO FORA DO MEU PEITO."
>
> ILÍADA, X., 91

Seu desgraçado, qual dos seus negócios vai mal? As suas posses? Não. O seu corpo? Não. Mas você é rico em ouro e cobre. Então qual é o seu problema? Essa parte de você, seja ela qual for, foi negligenciada por você mesmo e está corrompida; a parte por meio da qual desejamos, evitamos, aproximamo-nos e nos afastamos das coisas. Mas como foi negligenciada? Ele não conhece a natureza do bem para o qual foi feito pela natureza nem a natureza do mal, logo, o que é seu e o que pertence ao outro; quando algo que pertence a outros vai mal, ele diz: "Ai de mim, pois os helenos estão em perigo". A sua faculdade regente é deplorável, sozinha, negligenciada e descuidada. Os helenos vão morrer destruídos pelos troianos. Se os troianos não os matarem, não morrerão? Sim, morrerão, porém, não todos ao mesmo tempo. E que diferença isso faz? Pois, se a morte é um mal, quer os homens morram juntos ou sozinhos, da mesma forma é um mal. Portanto, acontecerá algo mais do que a separação da alma e do corpo? Nada mais do que isso. E se os helenos perecerem, a porta está fechada e não está mais em seu poder morrer? Exato. Mas, então, por que você lamenta (e diz): "Ó! Você é um rei e tem o cetro de Zeus?". Um rei infeliz não existe mais do que um deus infeliz. O que ele é então? Na verdade, um pastor, porque chora como os pastores quando um lobo leva uma das suas ovelhas; já aqueles governados por você são ovelhas. E por que veio até aqui? O seu desejo estava em perigo? Era a sua aversão ([do grego: ECHLISIS])? Era o seu movimento (perseguições)? A sua evasão em relação às coisas? Ele responde: "Não, mas a esposa do meu irmão foi levada". Então não era um grande ganho se livrar de uma esposa adúltera? Portanto, nós seremos desprezados pelos troianos? Que tipo de pessoa são os troianos? Sábios ou tolos? Se são sábios, por que você luta contra eles? Se tolos, por que se importa com eles?

Logo, você tem o corpo livre ou está sob condição servil? Nós não sabemos. Não sabe que é escravo da febre, da gota, da oftalmia, da disenteria, do tirano, do fogo, do ferro, de tudo aquilo que é mais forte que você? Sim, é um escravo. Como, pois, é possível que qualquer coisa que pertença ao corpo possa estar livre de impedimentos? E como é grande ou valiosa uma coisa que naturalmente é morta, terra ou lama? Pois bem, você não tem nada que seja de graça? Talvez. E quem é capaz de obrigar você a concordar com o que parece falso? Nenhum homem. E quem pode obrigá-lo a não concordar com o que parece ser verdade? Ninguém. Então, por isso vê que existe algo em você naturalmente livre. Desejar ou ter aversão, aproximar-se de um objeto ou se afastar dele, preparar-se ou se propor a fazer qualquer coisa, qual de vocês pode fazer isso, a menos que tenha recebido a impressão da aparência de que aquilo é lucrativo ou um dever? Ninguém. Portanto, você também tem nessas coisas algo que não é impedido, que é livre. Seus desgraçados, resolvam isso, cuidem disso, busquem o bem aqui.

Não devemos ser movidos por um desejo daquelas coisas que não estão sob o nosso poder

Não permita que aquilo contrário à natureza em outro seja um mal para você, afinal, por natureza, você não foi criado para se deprimir, nem para ser infeliz com os outros, mas, sim, para ser feliz com eles. Se um homem é infeliz, lembre-se de que a infelicidade dele é culpa unicamente dele mesmo, pois Deus fez todos os homens para serem felizes, livres de perturbações. Para tal propósito, deu-lhes meios, algumas coisas para que cada pessoa as tivesse como suas, e outras propositalmente que não pudessem ser tidas como suas; algumas delas sujeitas a impedimento, compulsão e privação, e essas mesmas coisas não sendo próprias do homem. Porém, as coisas que não estão sujeitas a impedimentos são justamente as suas, e a natureza do bem e do mal, como era próprio para ser feito por Aquele que cuida de nós e nos protege como um pai, Ele a tornou nossa. E você diz: "Mas eu me separei de certa pessoa e ela está triste". Por que ela considerou como dela aquilo que pertence a outro? Por que, quando ela olhou para você e se alegrou, também não considerou que você é um mortal, que é natural para você se separar dela e rumar para um país estrangeiro? Logo, ela sofre as consequências da sua própria loucura. Agora, por que você se lamenta ou com que propósito o faz? Será que você também não pensou sobre essas coisas? Ou, como mulheres pobres que não prestam para nada, você desfrutou de todas as coisas nas quais teve prazer, como se sempre as apreciasse, tanto lugares quanto homens e conversas e, então, senta-se e chora porque não vê as mesmas pessoas e não vive nesses mesmos lugares? E, de fato, você merece isso, merece ser mais miserável do que corvos e urubus, que têm o poder de voar para onde querem e trocar seus ninhos por outros, cruzar os mares sem lamentar ou se arrepender de sua condição anterior. Sim, porém isso acontece com eles porque são criaturas irracionais. A razão foi dada a nós pelos deuses com o propósito de gerar infelicidade e miséria, para que pudéssemos passar as nossas vidas sob miséria e lamentação? Todas as pessoas devem ser imortais e nenhum homem deve ir para o exterior? Nós mesmos não devemos ir para o exterior e, sim, permanecer enraizados como plantas? E se algum de nossos amigos, familiares, for para fora do país, devemos nos sentar e chorar e, quando ele voltar, ao contrário, dançar e bater palmas como crianças?

"Mas a minha mãe lamenta quando não me vê". Por que ela não aprendeu esses princípios? E não digo isso para que não tomemos cuidado a fim de que ela não se lamente mais; digo porque não devemos desejar, de todas as maneiras, aquilo que não é nosso. E a tristeza do outro é do outro, mas a minha é minha. Portanto, eu interromperei a minha própria tristeza por todos os meios possíveis porque isso é algo que está sob o meu poder; e, quanto à dor do outro, eu tentarei detê-la o máximo que eu puder, contudo, não tentarei fazê-lo por todos os meios possíveis porque, se o fizer, estarei lutando contra Deus, opondo-me a Zeus, e colocar-me-ei contra Ele no que diz respeito à administração do universo; e a recompensa (o castigo) dessa luta contra Deus e dessa desobediência não só os filhos dos meus filhos pagarão, como também eu mesmo, tanto de dia como de noite, sendo assustado por pesadelos, perturbado, tremendo a cada notícia que ouço, deixando que a minha tranquilidade dependa das cartas dos outros. Alguém chegou de Roma. Só espero que nada de mal me aconteça. Mas que mal pode acontecer a você onde você não está? Alguém chegou vindo de Hellas (Grécia); espero que isso não me cause nenhum mal. Dessa forma, qualquer lugar pode ser causa de infortúnio a você. Não é suficiente ser infeliz lá onde você vive, deve sê-lo mesmo além-mar, pelo relato de cartas? É assim que seus assuntos estão quanto à segurança? Bem, suponha que meus amigos tenham morrido em lugares que estão distantes de mim. O que mais eles sofreram além daquilo que é condição dos mortais? Ou como você deseja viver até a velhice e ao mesmo tempo não ver a morte de qualquer pessoa que ama? Você não sabe que no decorrer de um longo tempo muitos e vários tipos de coisas hão de acontecer, que uma febre dominará um, um ladrão abaterá alguém, e um terceiro será morto por um tirano? Tal é a condição das coisas ao nosso redor, tais são as condições daqueles que vivem conosco no mundo. Frio e calor, modos de vida inadequados, viagens terrestres, marítimas, ventos e diversas circunstâncias que nos cercam, destroem um homem e banem outro, lançam um a um, ora numa embaixada, ora em um exército. Portanto, sente-se agitado por todas essas coisas, lamentando, infeliz, desafortunado, dependente de outro, dependente não de apenas um ou dois, mas de dez mil e mais.

Você ouviu isso quando estava com os filósofos? Aprendeu isso? Não sabe que a vida humana é, na verdade, uma guerra? Que um homem deve vigiar, outro deve sair como espião e um terceiro deve lutar? E que não é possível que todos estejam em um só lugar nem é melhor que assim o seja? No entanto, você negligencia as ordens do general e reclama quando algo mais difícil do que o habitual é imposto a você. Não observa que aquilo que você faz torna o exército cada vez mais distante de estar em seu poder; que, se todos fizerem o mesmo que você, nenhum homem será capaz de cavar uma trincheira, erguer uma muralha ou vigiar ou se expor ao perigo, e parecerá inútil diante dos propósitos de um exército. E mais uma vez, em um navio, se você for como o marinheiro, vá para um lugar e mantenha-se nele. Se receber ordens para subir no mastro, recuse-as; se for para correr até a proa do navio, recuse do mesmo jeito. Mas que mestre de navio o suportará? Ainda assim, ele não o lançará ao mar como uma coisa inútil, como sendo um mero impedimento e um mau exemplo para os demais marinheiros? Assim também acontece aqui: a vida de todo homem é uma espécie de guerra, é longa e diversificada. Você deve observar o dever de um soldado e fazer tudo conforme o aceno do general. Se for possível, faça isso adivinhando quais são os seus desejos, pois não existe semelhança entre aquele general e este, nem em força ou mesmo em superioridade de caráter. Você não sabe que um homem bom não faz nada por causa da aparência e, sim, por fazer aquilo que é certo? Portanto, que vantagem tem para ele o fato de ter feito o certo? E qual é a vantagem para um homem que escreve o nome de Dião fazê-lo como deve? A vantagem é simplesmente tê-lo escrito. Então não há recompensa? Você busca uma recompensa maior para um homem bom do que fazer aquilo que é bom e justo? Em Olímpia, você não deseja mais nada, só que lhe parece o suficiente ser coroado nos jogos. Parece-lhe algo tão pequeno e inútil ser bom e feliz? Para tais propósitos, uma vez sendo introduzidos pelos deuses nesta cidade (o mundo), agora se tornando seu dever realizar o trabalho de um homem, você ainda quer babás e uma mãe, fazer com que mulheres tolas diante do seu choro o comovam e o tornem fraco? Dessa forma, você nunca deixará de ser uma criança tola? Não sabe que, quem age como uma criança, quanto mais velho fica, mais ridículo se torna?

Assim também acontece na seguinte questão: se você beijar o seu próprio filho, seu irmão ou amigo, nunca dê total licença à aparência ([do grego: PHANTASIAN]) e não permita que o seu prazer vá até onde ele escolher; controle-o e coloque freios nele, como aqueles mesmos que apoiam os homens em seus triunfos e os lembram de que são mortais. Da mesma maneira, você também se lembra disto: o fato de que aquele que você ama é mortal; portanto, o que você ama não é nada seu, foi-lhe dado para o presente, não para que nunca seja tirado de você nem para sempre; é como um figo ou um cacho de uvas que lhe é oferecido na devida estação do ano. Se desejar essas frutas durante o inverno será um tolo. Logo, se você deseja ter seu filho ou amigo quando isso não é permitido, deve saber que está desejando um figo no inverno. Tal como o inverno é para um figo, é todo evento que acontece no universo àquelas coisas que são tiradas em conformidade com a sua natureza. E, além disso, nos momentos em que você se delicia com determinada coisa, coloque diante de si as aparências contrárias a ela. Que mal há, enquanto você beija seu filho, dizer com a voz rouca: "Amanhã você vai morrer"; ou também fazê-lo quando estiver com um amigo: "Amanhã você vai embora e eu também. Nunca mais nos veremos"? Essas são palavras de um mau presságio – e alguns encantamentos também são de mau presságio; no entanto, por serem úteis, não ligue para isso, apenas deixe que eles sejam úteis. Mas você chama todas as coisas de mau presságio, com exceção daquelas que são significativas de algum mal? "Covardia" é uma palavra de mau presságio, mesquinhez de espírito, tristeza, luto e falta de vergonha, essas palavras são de mau presságio e, mesmo assim, não devemos hesitar em pronunciá-las a fim de nos proteger contra as coisas. Você me diz que um nome significativo de qualquer coisa que seja natural é de mau presságio? Afirmar que as espigas de milho servem para ser colhidas é de mau presságio, pois significa a destruição das espigas, mas não do mundo? Diga que a queda das folhas também é de mau presságio, que o figo seco toma o lugar do figo verde e que as uvas se tornam passas. Todas essas coisas são mudanças de um estado anterior para outros estados, não representam uma destruição, apenas certa economia e administração prefixadas. Assim é a saída de casa e uma pequena mudança, e assim é a morte, uma mudança maior não do estado que é agora para o que não é, mas para o que não é o agora. Então eu não existirei mais? Você não existirá, será outra coisa, da qual o mundo precisa neste momento, no agora; porque você também não passou a existir no momento em que escolheu, mas quando o mundo precisou de você.

Que esses pensamentos estejam à mão dia e noite. Você deve escrevê-los, lê-los; deve falar consigo mesmo e com os outros sobre eles. Pergunte a um homem: "Você pode me ajudar a cumprir esse propósito?", e, mais adiante, dirija-se a outro, depois a outro. Se algo dito se mostrar contrário ao seu desejo, tal reflexão imediatamente trará alívio, pois não é mais uma coisa inesperada. Porque é algo grandioso em todos os casos afirmar: "Eu sempre soube que gerei um filho que, na verdade, é mortal". Dessa forma, você também dirá: "Eu sempre soube que sou mortal, que poderia sair da minha casa, ou ser expulso dela, que poderia ser levado para a prisão". E então, se você se virar e olhar para si mesmo, procurando o lugar de onde vem aquilo que aconteceu, de imediato vai se lembrar de que isso vem do lugar das coisas que estão fora do poder da vontade e daquelas que não são minhas. Mas, então, o que é para mim? E você perguntará, eis a coisa principal: quem o enviou? O líder, o general, o Estado, a lei do Estado? Portanto, dê-me, pois em tudo devo sempre obedecer à lei. Logo, quando a aparência (das coisas) lhe causa dor, afinal, não está em seu poder impedi-la, lute contra ela com a ajuda da razão, domine-a, não permita que ela ganhe força nem que o leve às consequências ao trazer imagens à tona como bem quiser. Se você estiver em Gyara, não imagine o modo de viver em Roma, quantos prazeres houve para quem um dia lá viveu e quantos haveria para quem retornou a Roma; em vez disso, fixe a sua mente neste assunto: como um homem que vive em Gyara deve viver ali como alguém corajoso. Se você estiver em Roma, não imagine como é a vida em Atenas, pense apenas na vida em Roma.

Portanto, substitua todas as outras delícias por isto: manter-se consciente de que você está obedecendo a Deus; de que, não por meio de palavras, mas de ações, você está realizando os atos de um homem que é sábio e bom. O que melhor é para um homem do que poder dizer a si mesmo: agora, tudo o que o resto pode dizer de maneira solene nas escolas e tudo aquilo que pode ser julgado como sendo contrário à opinião comum (ou de maneira estranha), isso estou fazendo; e eles estão sentados, discursando sobre as minhas virtudes e perguntando sobre mim e me elogiando. A partir disso, Zeus quis que eu recebesse de mim mesmo uma demonstração; dessa forma, eu mesmo saberia se ele tem um soldado como deveria ter, um cidadão como deveria ter, e se ele escolheu me apresentar ao resto da humanidade como uma testemunha das coisas que são independentes da vontade. Perceba que você teme sem razão, que deseja de forma tola o que deseja. Não busque o bem nas coisas externas, procure-o em você mesmo; se não o fizer, não encontrará. Para isso Ele me conduz uma vez para cá e outra vez me envia para lá; mostra-me para os homens como alguém pobre, sem autoridade e doente; manda-me para Gyara, leva-me para a prisão, mas não porque me odeia – longe disso significar tanto, pois quem odeia o melhor de seus servos? Nem mesmo porque Ele não se importa comigo, afinal, Ele não negligencia sequer as menores coisas; faz isso com o propósito de me levar a praticar e me usar como testemunha para os demais. Sendo nomeado para tal serviço, eu ainda me importo com o lugar em que estou, com quem estou ou com aquilo que os homens dizem sobre mim? E não direciono os meus pensamentos inteiramente a Deus e às Suas instruções e Seus mandamentos?

Tendo essas coisas (ou pensamentos) sempre à mão, colocando-as em prática por conta própria e mantendo-as em prontidão, você nunca precisará de alguém para confortá-lo ou mesmo fortalecê-lo. Porque não é vergonhoso ficar sem o que comer; vergonha é não ter motivos suficientes para afastar o medo e a tristeza. Agora, uma vez que você obtêve essa isenção da tristeza e do medo, haverá mais um tirano para você, ou mesmo o guarda de um tirano, os atendentes em César? Qualquer nomeação a cargos na corte causará dor a você; aqueles que sacrificam no Capitólio por ocasião de serem nomeados para determinadas funções causarão dor a você, que recebeu uma autoridade tão grandiosa das mãos de Zeus? Apenas não faça uma exibição orgulhosa disso nem se gabe; mostre tudo por meio das suas atitudes. Se nenhum homem o perceber, fique convencido de que você está em um estado saudável e feliz.

Para aqueles que caem (desistem) de seu propósito

Considere as coisas que você propôs a si mesmo no início, que conseguiu obter e que não tem; e como você fica satisfeito quando se lembra de uma e se aflige pela outra. Se for possível, recupere as coisas nas quais você falhou. Não devemos nos encolher quando estamos engajados no combate maior, e, sim, até mesmo levar golpes. Afinal, o combate diante de nós não está na luta livre e no Pancrácio, onde tanto aquele que é bem-sucedido quanto o que é malsucedido podem ter o maior mérito, ou podem ter pouco mérito, e, na verdade, têm a chance de serem muito sortudos ou infelizes; esse combate é pela própria sorte e felicidade. Pois bem, ainda que tenhamos renunciado à luta nesse quesito (por sorte e felicidade), ninguém nos impede de recomeçar o combate, não somos obrigados a esperar mais quatro anos para que os jogos de Olímpia retornem. Assim que você se recuperar e se restabelecer, empregando o mesmo zelo será capaz de recomeçar o combate. Caso você renuncie novamente, poderá renová-lo uma vez mais; quando você ganha a vitória, é como aquele que jamais renunciou ao combate. Só que não faça por hábito de fazer a mesma coisa (a renúncia ao combate). Comece a fazê-lo com prazer e, assim como um mau atleta, mantenha-se por aí depois de ser vencido em todo o circuito dos jogos, como codornas que fugiram.

Àqueles que temem querer

Você não tem vergonha de ser mais covarde e mesquinho do que os escravos fugitivos? Quando fogem, de que maneira deixam seus senhores? De quais propriedades e de quais domésticos dependem? Eles não roubam um pouco, o que é suficiente para os primeiros dias, e depois passam por terra ou por mar inventando métodos incontáveis para manter suas vidas? E que escravo fugitivo morreu de fome? Mas, ainda assim, você tem medo de que as coisas necessárias falhem e por isso fica sem dormir à noite. Seu desgraçado! Você é tão cego! Não vê o caminho para onde a falta de necessidades leva? "Bem, e para onde isso leva então?". Ao mesmo lugar para onde a febre leva, ou mesmo uma pedra que cai sobre você, a morte. Você não costuma dizer isso aos seus companheiros? Não leu o bastante de coisas desse tipo e escreveu muito sobre isso? E quantas vezes se gabou de ser fácil de morrer?

Portanto, primeiro aprenda quais são as coisas vergonhosas e depois nos diga que você é um filósofo; porém, no momento não permita que outro homem o chame assim.

É vergonhoso para você aquilo que não é o seu próprio ato, aquilo do qual você não é a causa, que chegou até você por acidente, assim como uma dor de cabeça, uma febre. Se seus pais eram pobres e deixaram os bens para outros; se, enquanto eles vivem, não o ajudam em nada, isso é vergonhoso para você? Foi isso que aprendeu com os filósofos? Nunca ouviu falar que aquilo que é vergonhoso deve ser censurado e que o censurável é digno de censura? A quem você culpa por um ato que não é seu, que ele mesmo não fez? Por acaso você tornou seu pai como ele é ou até mesmo está em seu poder melhorá-lo? Tamanho poder é dado a você? Bem, portanto, você deve desejar as coisas que não são dadas a você, ou se envergonhar se não as obtiver? E você também se acostumou, enquanto estudava Filosofia, a olhar para os outros e não esperar nada de si mesmo? Então lamente, murmure e coma com medo de que não tenha comida amanhã. Trema sobre seus pobres escravos para que não roubem, não fujam, não morram.

E então viva, continue a viver, logo você, que apenas no nome chegou a se aproximar da Filosofia, que desonrou seus teoremas até onde foi capaz, mostrando que eles são inúteis e sem qualquer utilidade para aqueles que os adotam; você, que nunca buscou constância, livramento de perturbação e de paixões; você, que não procurou ninguém por causa desse objetivo, mas foi em busca de muitos por causa de silogismos; você, que nunca analisou completamente nenhuma dessas aparências por conta própria, posso ou não posso suportar? O que me resta fazer então? Como se todos os seus assuntos estivessem bem e seguros, você tem descansado no terceiro quesito, aquele que trata de as coisas permanecerem inalteradas, para que, assim, você possa seguir inalterado – o quê? Covardia, espírito mesquinho, admiração dos ricos, desejo sem atingir qualquer propósito e evasão ([do grego: ECHCHLISIN]), que falha mesmo na tentativa? Você tem estado ansioso quanto à segurança de tais coisas.

Você não deveria ter ganhado algo além da razão e, então, ter protegido isso com segurança? E quem você já viu construindo uma ameia ao redor e cercando-a com um muro? Que tipo de porteiro fica sem uma porta para vigiar? No entanto, você pratica para poder provar – mas o quê? Você pratica para não ser lançado por sofismas como se o fosse no mar e lançado de quê? Primeiro, mostre-me o que você segura, o que mede ou o que pesa; mostre-me a balança ou o medidor (a medida); até quando você vai medir a poeira? Você não deveria demonstrar aquelas coisas que tornam os homens felizes, que fazem as coisas acontecerem para eles da maneira que desejam. Por que não devemos culpar ou acusar nenhum homem e concordar com a administração do universo?

Sobre liberdade

É livre aquele que vive como deseja viver, que não está sujeito à compulsão nem ao impedimento, ou mesmo à força; cujos movimentos para a ação ([do grego: HORMAI]) não são impedidos, cujos desejos atingem seu propósito, e que não se rende àquilo que ele deseja evitar ([do grego: ECHLISEIS APERIPTOTOI]). Mas, então, quem escolhe viver no erro? Ninguém. Quem escolhe viver enganado, passível de cometer erro, injusto, desenfreado, descontente, mesquinho? Nenhum homem. Nenhum dos que são maus vive como deseja; nem mesmo é livre. E quem escolhe viver na tristeza, no medo, na inveja, na piedade, desejando e falhando em seus desejos, tentando evitar algo e, ainda assim, rendendo-se a tal? Ninguém. Portanto, deparamos-nos com algum dos que são maus isento da tristeza, livre do medo, sem se render àquilo que deseja evitar e não sem obter o que deseja? Nenhum deles. E nem encontramos qualquer homem mau que seja livre.

Além disso, responda-me também a esta pergunta: a liberdade lhe parece algo grandioso, nobre e valioso? E como não deveria parecer dessa forma? Logo, é possível, quando um homem obtém algo tão grandioso, valioso e nobre, ser mesquinho? Não. Quando você vir algum homem se sujeitar a outro ou bajulá-lo contra a sua própria opinião, afirme com confiança que esse homem também não é livre; e não só se ele fizer isso diante de algumas pessoas em uma ceia, mas também se o fizer a um governo (província) ou consulado. E chamem esses homens de "pequenos escravos", que por causa de coisas pequenas fazem essas coisas; já aqueles que o fazem por causa de grandes coisas, chame-os de "grandes escravos", como merecem ser chamados. Isso também é admitido. Você acha que a liberdade é algo independente e autorregido? Certamente que sim. Portanto, quem estiver em poder de outro para impedir e compelir, declare que essa pessoa não é livre. E lhe peço que não olhe para os avós e bisavós dele, nem pergunte se ele foi comprado ou vendido; agora, se você o ouvir dizer de todo o seu coração e com sentimento: "Mestre", mesmo que doze guarda-costas de magistrados o precedam (assim como um cônsul), chame-o de "escravo". Se o ouvir dizer: "Como sou miserável! Quanto sofro!", chame-o de "escravo". E se, por fim, você o vir lamentando, reclamando, infeliz, também o chame de "escravo", ainda que ele esteja usando um praetexta. No entanto, caso ele não esteja fazendo nada do tipo, mesmo assim ainda não diga que ele é livre; antes, aprenda suas opiniões; se elas estão sujeitas à coação, podem produzir obstáculos ou má sorte; se você achar que ele é desse feitio, chame-o de um escravo que passa férias em Saturnália; diga que seu mestre é de casa, ele voltará em breve e, dessa forma, você saberá do que ele sofre.

Mas, então, o que torna um homem verdadeiramente livre de obstáculos e faz dele seu próprio mestre? Afinal, se nem a riqueza, o consulado, o governo provincial ou mesmo o poder real o tornam livre, há de existir algo a mais a ser descoberto que o faça. O que, pois é aquilo que, quando escrevemos, liberta-nos dos obstáculos e nos torna desimpedidos? O conhecimento da arte de escrever. E quanto a tocar um alaúde? A arte de tocar alaúde. Assim sendo, também na vida é a arte de viver. E assim você ouviu sobre isso de maneira geral, porém, analise a coisa também em suas várias partes. É possível que aquele que deseja alguma das coisas que dependem de outros seja capaz de se ver livre de impedimentos? Não. É possível que ele seja desimpedido? Não. Portanto, ele não pode ser livre. Logo, considere que nada temos sob nosso próprio poder, que temos todas as coisas ou que apenas algumas delas estão sob o nosso próprio poder e outras sob poder de outros. O que você quer dizer com isso? Quando você deseja que o corpo seja inteiro (são), isso é algo que está em seu poder ou não? Não está. Quando você deseja ser saudável? Isso também não. Quando você deseja ser bonito? Nem isso. A vida ou a morte? Nem mesmo isso está em meu poder. Portanto, o seu corpo é de outro, ele está sujeito a todo e qualquer homem mais forte do que você. Verdade. E quanto à sua propriedade? Está em seu poder tê-la quando quiser, enquanto quiser e como quiser? Não. E no que diz respeito aos seus escravos? Não. E às suas roupas? Não. E à sua casa? Não. E aos seus cavalos? Nenhuma dessas coisas. E se você deseja por todos os meios possíveis que os seus filhos vivam, ou mesmo a sua esposa, seu irmão, seus amigos? É algo que está em seu poder? Isso também não está em meu poder.

Assim, se você não tem nada que esteja em seu próprio poder, que dependa unicamente de você e não possa ser tirado de você, ou tem algo do tipo, eu não sei. Então observe a coisa, analise-a. Algum homem é capaz de fazer você concordar com aquilo que é falso? Nenhum. Quanto a consentimentos, você, portanto, está livre de obstáculos e obstruções. Com certeza. Bem, e um homem é capaz de forçá-lo a desejar ir em direção ao que você não escolhe? Ele pode, pois, quando me ameaça com a morte ou com chicote, ele me compele a desejar ir em direção a isso. Mas se você despreza a morte e o chicote, ainda assim presta alguma atenção a ele? Não. Ou seja, o desprezo da morte é um ato seu ou não? É um ato meu.

Quando você tiver feito essa mesma preparação e praticado tal disciplina – distinguindo o que pertence ao outro daquilo que é seu, e as coisas que estão sujeitas a impedimentos daquelas que não estão; considerando as coisas livres de impedimentos como sendo do seu interesse e aquelas que não são livres como algo com o qual você não precisa se preocupar, mantendo o seu desejo firmemente fixado nas coisas que realmente dizem respeito a você, desviando-se das coisas que não dizem respeito a você –, ainda assim vai temer algum homem? Nenhum. E por que vai ter medo? Quanto às coisas que são suas, em que consiste a natureza do bem e do mal? E quem tem poder sobre essas coisas? Quem pode tirá-las de você? Quem pode impedi--las de acontecer? Nenhum homem é capaz disso, não mais do que ele é capaz de impedir Deus. No entanto, você terá medo do seu corpo e das suas posses, daquelas coisas que não são suas e das que não lhe dizem respeito? E o que mais você tem estudado desde o início, sobre distinguir entre aquilo que é seu e o que não é, as coisas que estão em seu poder daquelas que não estão, as coisas sujeitas a impedimentos das que não estão? E por que você recorreu aos filósofos? Foi porque você pode, entretanto, ser azarado e infeliz? Dessa maneira, como eu supus que você assim o fez, ficará sem medo e livre de qualquer perturbação. Para você, o que significa a mágoa? Afinal, o medo vem daquilo que você espera, mas a dor vem daquilo que está presente. E o que mais você vai desejar? Pois, das coisas que estão dentro do poder da vontade, como sendo boas e presentes, você tem um desejo próprio e bem-regido; agora, das coisas que não estão no poder da vontade, você não as deseja a ninguém, assim, não dá lugar àquilo que é irracional, impaciente e precipitado acima de média.

Assim, depois de receber tudo do outro e até de si mesmo, você fica com raiva e culpa quem lhe deu as coisas caso Ele tire algo de você? Quem é você e com que propósito veio ao mundo? Ele (Deus) não o colocou aqui, mostrou a luz, deu colegas de trabalho, percepções e razão para você? E de que forma Ele o apresentou aqui? Não foi como alguém sujeito à morte, alguém que vive na Terra com um pouco de carne, observa toda a Sua administração, junta-se a Ele no espetáculo e na festa por um breve momento? Portanto, enquanto você tiver permissão, depois de ver o espetáculo e a solenidade, quando Ele levar você embora, você não irá com adoração a Ele e agradecimento pelo que ouviu e viu? Não, mas ainda assim eu aproveitaria a festa. Os iniciados também gostariam que a iniciação fosse mais; e talvez também aqueles em Olímpia o quereriam a fim de ver outros atletas. Todavia, a solenidade terminou. Vá embora como um homem agradecido e modesto, abra espaço para outros; esses outros também devem nascer, assim como você, e, ao nascerem, devem ter um lugar para morar, casas e coisas necessárias. Se os primeiros não se aposentarem, o que resta? Por que você é tão insaciável? Por que não está contente? Por que quer encolher o mundo? Sim, mas eu teria meus filhinhos e a minha esposa comigo. Eles são seus? Então eles não pertencem Àquele que deu a você e que o criou? Você não vai desistir daquilo que pertence aos outros? Não vai dar lugar Àquele que é superior? Mas por que Ele me apresentou ao mundo nessas condições? Se tais condições não lhe agradarem, vá embora. Ele não precisa de um espectador insatisfeito. Ele quer aqueles que participem da festa, do coro, que aplaudam, admirem e celebrem com hinos tamanha solenidade. Mas aqueles que não podem suportar problemas, e os covardes, involuntariamente, Ele não verá como ausentes da grande assembleia ([do grego: PANAEGURIS]), pois eles não se comportaram da forma como deveriam em um festival quando estavam presentes, nem ocuparam seus lugares adequadamente; em vez disso lamentaram, encontraram falhas na divindade, na fortuna, em seus companheiros, não percebendo o que eles tinham e, ao mesmo tempo, seus próprios poderes, os quais receberam para propósitos contrários: os poderes da magnanimidade, de uma mente generosa, espírito viril, e aquilo sobre o que estamos falando, a liberdade. Mas, então, com qual propósito eu recebi tais coisas? Para usá-las. E por quanto tempo? Até o momento em que Aquele que as emprestou decida. Mas e se elas forem necessárias para mim? Não se prenda a elas e, por consequência, as coisas não serão necessárias a você. Não diga a si mesmo que elas o são; logo, elas não serão.

Então você, um homem, pode dizer que está livre? Pelos deuses, eu desejo e rezo para ser livre, porém, ainda não sou capaz de enfrentar meus senhores, continuo valorizando o meu pobre corpo e também a preservação dele por inteiro, ainda que eu não o possua por completo. Mas eu posso indicar a você um homem que seja livre para que, assim, não mais procure um exemplo. Diógenes era livre. Mas como ele era livre? Não porque nasceu de pais livres e, sim, porque ele por si só era livre, havia se libertado de todas as amarras da escravidão. Era impossível que qualquer homem se aproximasse dele nem que ninguém tivesse meios de capturá-lo a fim de escravizá-lo. Tudo nele era facilmente solto, tudo dependia apenas dele mesmo. Se você se apoderasse da propriedade dele, ele preferiria abrir mão dela e deixar que fosse sua a persegui-lo por conta disso; se tivesse agarrado a perna dele, ele teria se livrado da perna; se assim fizesse com todo o corpo dele, ele entregaria o seu pobre corpo; seus conhecidos íntimos, amigos, país, da mesma forma. Ele sabia de onde os conhecia, quem os havia apresentado e sob quais condições. Seus verdadeiros pais, os deuses, e o seu verdadeiro país, ele nunca teria abandonado nem teria cedido a qualquer homem em obediência a eles e às suas ordens, ou mesmo qualquer homem teria morrido por seu país com maior prontidão. Pois ele não costumava perguntar quando deveria ser considerado como tendo feito algo em nome de todas as coisas (o universo ou todo o mundo), entretanto, ele lembrava que tudo o que é feito vem de lá, é feito em nome daquele país e comandado por quem o administra. Portanto, veja o que o próprio Diógenes diz e escreve: "E por essa razão, Diógenes, está em seu poder falar tanto com o rei dos persas quanto com Arquidamo, o rei dos lacedemônios, como preferir", afirma ele. Mas isso se deu por que ele nasceu de pais livres? Suponho que todos os atenienses e os lacedemônios, porque nasceram de escravos, não podiam falar com eles (esses reis) da forma como desejavam; em vez disso, temiam-nos e cortejavam-nos. Então por que ele diz que está em seu poder? Porque não considero o meu pobre corpo sendo meu, porque não quero nada, porque a lei basta para mim e nada mais além disso. Essas foram as coisas que permitiram a ele ser livre.

Pense sobre essas coisas, opiniões, palavras; veja esses exemplos se você quiser ser livre, se deseja algo que esteja de acordo com o seu valor. E qual é a maravilha se você comprar uma coisa tão grande ao preço de outras tantas coisas tão grandes? É por isso que se chama "liberdade"; alguns se enforcam por ela, outros se jogam em precipícios, às vezes, até cidades inteiras perecem; e por causa da liberdade verdadeira, inatacável e segura você não devolverá a Deus as coisas que Ele deu no instante em que Ele as exigir? Você não estudará, como diz Platão, não só para morrer, como também para suportar a tortura, o exílio, a flagelação e, em resumo, desistir de tudo aquilo que não é seu? Se não o fizer, será apenas um escravo entre escravos, mesmo que seja dez mil vezes cônsul; se ascender ao palácio (a residência de César), você não será menos escravo; sentirá que talvez os filósofos pronunciem palavras que sejam contrárias à opinião comum (paradoxos), assim como também disse Cleantes, porém, não palavras que sejam contrárias à razão. Porque você saberá, por experiência, que as palavras são verdadeiras e que não existe proveito nas coisas avaliadas e procuradas com avidez demais para aqueles que as obtiveram; e àqueles que ainda não as obtiveram existe a imaginação ([do grego: phantasia]) de que, quando essas coisas vierem, tudo o que é bom virá com elas. Logo, quando eles chegam, o sentimento febril é o mesmo, o ir e vir é o mesmo, a saciedade, o desejo das coisas que não estão presentes, afinal, a liberdade é adquirida não pela posse plena das coisas que são desejadas e, sim, pela remoção do desejo. Para que você saiba que isso é verdade, já que trabalhou para ter tais coisas, transfira esse seu trabalho para isto: seja vigilante a fim de obter uma opinião que o faça livre; corteje um filósofo em vez de um homem velho rico; seja visto nas portas de um filósofo; não se desonrará se o for. De lá você não sairá vazio ou sem ter tido proveito se for até o filósofo como deve ir, e, se não (se não conseguir), pelo menos tente. O julgamento (a tentativa) não é algo vergonhoso.

Sobre intimidade familiar

Antes de qualquer coisa, em relação a esse assunto deve-se prestar atenção ao fato de que você jamais esteja tão intimamente ligado a nenhum dos seus antigos íntimos ou aos colegas a ponto de se render às mesmas atitudes deles. Se você não observar tal regra, isso será a sua ruína. Porém, se o seguinte pensamento surgir na sua mente: "Vou parecer deselegante perante ele e ele não terá o mesmo sentimento em relação a mim", lembre-se de que nada é feito sem que haja um custo nem é possível que um homem consiga deixar de fazer as mesmas coisas e, ainda assim, manter-se o mesmo homem. Portanto, escolha qual das duas coisas você terá: ser igualmente amado por aqueles por quem você anteriormente foi amado, mantendo-se o mesmo com o seu antigo eu; ou ser superior, mas não obtendo dos seus amigos o mesmo que obtinha antes.

Quais coisas devemos trocar por outras coisas

Mantenha este pensamento em mãos: quando você perder algo que seja externo, vai adquirir outro para substituí-lo; se esse algo valer mais, nunca diga "tive uma perda"; nem mesmo se você tiver um cavalo no lugar de um jumento, ou um boi no lugar de uma ovelha, nem uma boa ação no lugar de um pouco de dinheiro, nem se no lugar de conversas fúteis a tranquilidade que convém a um homem, nem se no lugar de uma conversa lasciva você adquiriu modéstia. Se você se lembrar disso, sempre manterá o seu caráter como ele deveria ser. Agora, se não o fizer, considere que os tempos de oportunidade estão perecendo; logo, quaisquer que sejam as dores que você tenha sobre si mesmo, vai desperdiçar todas e derrubá-las. E apenas algumas poucas coisas são necessárias para a perda e a ruína de tudo – um pequeno desvio da razão, por exemplo. Para o timoneiro de um navio naufragá-lo, ele não precisa dos mesmos meios de que precisaria para salvá-lo; agora, se ele o vira um pouco ao vento, ele se perde; se não fizer isso de propósito, mas acabar negligenciando um pouco do seu dever, o navio estará perdido de vez. Algo desse tipo também acontece nesse caso. Se você apenas balançar a cabeça um pouco, tudo o que vem coletando até este momento se vai. Portanto, preste atenção às aparências das coisas e cuide delas, afinal, o que você deve preservar não é pouca coisa: modéstia, fidelidade e constância, liberdade dos afetos, um estado de espírito imperturbável, ausência de medo, tranquilidade; em resumo, a liberdade. E por que você venderia tais coisas? Veja qual é o valor das coisas que obterá em troca disso. – Mas não obterei tal coisa por isso? – Preste atenção e, se conseguir isso em troca, veja o que vai receber no lugar. Eu tenho decência; ele tem uma tribuna, ele tem um pretor; eu, modéstia. Mas eu não faço aclamações onde não convém, não me levantarei onde não devo, afinal, sou livre e amigo de Deus, e, dessa forma, obedeço-o de bom grado. Mas não devo reivindicar (buscar) mais nada, nem corpo, posse, magistratura, boa fama. De fato, nada. Pois Ele (Deus) não me permite reivindicá-las (buscá-las), pois, se Ele tivesse escolhido, Ele as teria feito boas para mim; porém, não o fez, e por essa razão não posso transgredir Seus mandamentos. Preserve aquilo que é o seu próprio bem em tudo; quanto a todas as outras coisas, como é permitido, e na medida em que se comportar de maneira consistente com a razão quanto a elas, contente-se apenas com isso. Se assim não o fizer, será infeliz, fracassará em todas as coisas, será impedido, terá obstáculos à frente. Essas são as leis que foram enviadas de lá (de Deus); são essas as ordens. E dessas mesmas leis o homem deve ser um expositor, submetendo-se a elas, não às de Masúrio e Cássio.

Aos que almejam passar a vida em tranquilidade

Lembre-se de que não é só o desejo de poder e riqueza que nos torna mesquinhos e sujeitos aos outros; também o desejo de tranquilidade, lazer, viagens ao exterior e aprendizado. Afinal, para falar mais claramente, qualquer que seja a coisa externa, o valor que atribuímos a ela nos coloca em sujeição a outros. Portanto, qual é a diferença entre desejar ser senador ou não desejar; entre desejar o poder ou contentar-se com uma propriedade privada; entre dizer que estou infeliz, que não tenho nada para fazer, mas estou preso aos meus livros da mesma forma como um cadáver; ou dizer que estou infeliz, mas não tenho tempo para ler? Pois, assim como as saudações e o poder são coisas externas e independentes da vontade, também o é um livro. Com qual finalidade você escolhe ler? Diga-me. Porque, se você somente canaliza o seu propósito para se divertir ou aprender alguma coisa, é um sujeito tolo e incapaz de suportar o trabalho. Agora, se remete a leitura a um fim adequado, o que mais seria isso além de uma vida tranquila e feliz ([do grego: *EUSOIA*])? Mas, se a leitura não lhe garante uma vida feliz e tranquila, então qual é a utilidade dela? "Mas assegura tal coisa", responde o homem, "e por isso me aflige o fato de ser privado dela". E o que é essa vida tranquila e feliz, a qual qualquer homem é capaz de impedir? Não digo que César o faria ou um amigo dele, mas talvez um corvo, um flautista, uma febre e outras trinta mil coisas? Porém, uma vida tranquila e feliz não contém nada que seja tão certo quanto a continuidade e a liberdade em relação aos obstáculos. E agora eu sou chamado a fazer algo, então seguirei com o propósito de observar as medidas (regras) que devo reter, de agir com modéstia, firmeza, sem desejo e aversão às coisas externas; que eu possa prestar atenção aos homens, ao que eles dizem, ao que os move, e fazer isso não com má disposição ou simplesmente para que eu tenha algo a culpar, ridicularizar, e, sim, para me voltar a mim mesmo e perguntar se eu também cometo essas mesmas faltas. E como, então, deixarei de cometê-las? Antigamente, eu também agia errado, agora não o faço mais, graças a Deus.

Mas, então, qual é a razão disso? A de que nunca lemos para esse fim nem jamais escrevemos para esse fim para que, dessa forma, nós possamos, por meio das nossas atitudes, usar as aparências que nos são apresentadas de maneira que estejam em conformidade com a natureza. Porém, acabamos nisso, aprender aquilo que é dito e poder expô-lo ao outro, resolver um silogismo e lidar com o silogismo hipotético. Por essa razão, apenas onde está o nosso estudo (propósito), é ali que está o impedimento. Por todos os meios que existem, você, por acaso, teria as coisas que não estão em seu poder? Seja impedido então, lide com os obstáculos, falhe em seu propósito. Agora, se lermos aquilo que está escrito sobre a ação (os esforços [do grego: HORMAE]), não para vermos o que é dito sobre as atitudes, mas para agirmos bem; se lermos o que se diz sobre desejo e aversão (evitar coisas), para que não falhemos nos nossos desejos nem nos rendamos àquilo que tentamos evitar; se lermos o que se diz sobre o dever (ofício), para que, ao lembrar das relações (das coisas umas com as outras), não façamos nada irracional ou que seja contrário a essas mesmas relações; não devemos ficar aborrecidos ao sermos impedidos das nossas leituras, mas nos contentar em praticar as atitudes que são conformes (às relações); e deveríamos estar contando não o que até agora estamos acostumados a contar: em um dia li tantos versos, escrevi outros tantos; (deveríamos dizer) hoje eu empreguei a minha ação da forma como se é ensinado pelos filósofos; não empreguei o meu desejo; fiz uso da evitação ([do grego: ECHCHLISEI]) apenas com relação às coisas que estão dentro do poder de minha vontade. Não tive medo de tal pessoa, não fui convencido pelas súplicas de outra; exercitei a minha paciência, abstinência e cooperação para com os outros; e, dessa forma, devemos agradecer a Deus por aquilo que devemos agradecê-Lo.

Existe apenas um único caminho para a felicidade, e que esta regra esteja à mão tanto pela manhã quanto durante o dia e a noite: não olhe para as coisas que estão fora do poder da nossa vontade; pense que nada é realmente nosso, entregue todas as coisas à Divindade, à Fortuna para, desse modo, torná-las as superintendentes dessas coisas, a quem Zeus também atribuiu tais funções; para que um homem observe apenas aquilo que é dele, o que não pode ser impedido; e, quando lermos, referirmos a nossa leitura apenas a isto: à nossa escrita e à nossa escuta. Por essa mesma razão eu não posso chamar o homem de "trabalhador" se só ouço, leio e escrevo sobre isso; e, mesmo que um homem acrescente que lê a noite toda, não posso dizer que ele o faz se ele não souber ao que se refere a sua leitura. Porque nem mesmo você diz que um homem é trabalhador se ele se mantiver acordado por conta de uma garota; nem eu. Agora, se ele faz isso (lê e escreve) por reputação, digo que ele é um amante dela. E, se o faz por dinheiro, afirmo que ele é amante dele e não um amante do trabalho; e, se o faz por amor ao saber, digo que ele é um amante do saber. Todavia, se ele remete o seu trabalho ao seu próprio poder regente a fim de mantê-lo em um estado que esteja em conformidade com a natureza e passar a sua vida toda nesse mesmo estado, digo simplesmente que ele é trabalhador. Pois nunca se deve elogiar um homem por causa dessas coisas comuns a todos, mas por causa das suas opiniões (princípios), afinal, essas são as coisas que pertencem a cada homem, que tornam suas atitudes más ou boas. Ao se lembrar dessas regras, regozije-se com aquilo que está presente e contente-se com as coisas que vierem no seu devido tempo. Se alguma coisa que você aprendeu e sobre a qual questionou ocorrer com você ao longo da sua vida (ou oportunamente aplicada por você aos atos da vida), permita-se ficar encantado com isso. Se deixou de lado ou diminuiu a má disposição e o hábito de insultar; se fez isso com temperamento precipitado, palavras obscenas, pressa, lentidão; se não se comove com o que e como era antes, você pode celebrar uma festa todos os dias; hoje porque você se comportou bem em determinada situação, amanhã porque se comportou bem em outra. Quão maior é essa razão para fazer sacrifícios do que a de um consulado ou governo de uma província? Essas coisas vêm de você mesmo e dos deuses. Lembre-se disto: quem dá essas coisas e para quem, com que propósito. Se você se valoriza quanto a esses pensamentos, ainda acredita que faz alguma diferença, onde mais você será feliz, onde você mais agradará a Deus? Os deuses não estão igualmente distantes de todos os lugares? Eles não veem de todos os lugares igualmente o que está acontecendo?

Contra o briguento e o feroz

O homem que é sábio e bom não briga com ninguém nem permite que outro o faça, na medida em que é capaz de impedi-lo, claro. E um exemplo disso, bem como de todas as outras coisas, é-nos proposto na vida de Sócrates, que não só evitava em todas as ocasiões as brigas (desavenças) como também não permitia que os outros brigassem. Veja, no caso do Simpósio de Xenofonte, quantas brigas ele chegou a resolver, quanto suportou Trasímaco, Polo e Cálicles; como tolerou a sua esposa, além do próprio filho, que tentou refutá-lo e chegou até mesmo a zombar dele. Ele se lembrava bem do fato de que nenhum homem tem em seu poder o princípio regente de outro homem. Portanto, ele desejava nada além do que aquilo que era seu. E o que significa isso? Não é o fato de que esse ou aquele homem é capaz de agir em conformidade com a natureza, pois isso é algo que pertence ao outro, mas, sim, o fato de que, enquanto outros estão fazendo seus próprios atos da forma como bem escolhem, ele pode, no entanto, estar em uma condição de acordo com a natureza e assim viver nela, apenas fazendo o que é seu, para que outros também possam se manter em um estado de conformidade com a natureza. Esse sempre é o objetivo colocado diante dele pelo homem sábio e bom. Ser comandante (um pretor) de um exército? Não, porém, se a ele for permitido, seu objetivo nesse assunto é manter seu próprio princípio regente. É para casar? Não, contudo, se o casamento lhe for permitido, nesse caso o seu objetivo é se manter em uma condição que esteja em conformidade com a natureza. Todavia, se ele quisesse que seu filho não fizesse mal algum, ou mesmo sua esposa, ele faria com que aquilo pertencente a outra pessoa não o fosse; e ser instruído é isso, aprender o que é próprio de um homem e o que é de outro.

Então, como é possível que haja algum lugar para lutar (discutir) para um homem que tem essa opinião (que ele deveria ter)? Ele está surpreso com qualquer coisa que acontece e que pareça nova a ele? Não espera que aquilo que vem do mal seja pior e mais doloroso do que o que realmente ocorre com ele? E não considera como puro ganho tudo o que eles (os maus) possam fazer que não atinjam a extrema maldade? Tal pessoa o insultou. Muito obrigado a ela por não ter batido em você. Mas ela também me bateu. Muito obrigado por ela não ter ferido você. Mas ela também me feriu. Muito obrigado por ela não ter matado você. Quando ela aprendeu, ou em que escola, que o homem é um animal manso, que os homens se amam, que um ato de injustiça é um grande dano para quem o faz? Uma vez que não aprendeu e não está convencido disso, por que deixará de seguir o que parece ser de seu próprio interesse? O seu vizinho jogou pedras. Então você fez algo errado? Mas as coisas na casa foram quebradas. Você por acaso é um utensílio? Não, mas um livre poder de vontade. O que, então, é dado a você (para o fazer) capaz de oferecer uma resposta a isso? Se você é como um lobo, deve morder e, então, atirar mais pedras. Agora, se considera aquilo que é próprio para um homem, analise seu depósito, veja com quais faculdades você veio ao mundo. Você tem a disposição de um animal selvagem, de cometer um ato de vingança por conta de um ferimento? Em que momento um cavalo é mais miserável? Quando ele é privado das suas faculdades naturais? Não é quando não pode cantar como um galo, mas quando não é mais capaz de correr. Quando um cão é miserável? Não é quando ele não pode voar, mas quando já não consegue mais rastrear sua caça. Então, será que um homem também é infeliz assim não porque não possa estrangular leões ou abraçar estátuas, pois não veio ao mundo com habilidades naturais para tal fim, mas, na verdade, porque perdeu a sua probidade e fidelidade? As pessoas deveriam conhecer tal homem e lamentar pelos infortúnios aos quais ele se rendeu; não para lamuriar o fato de um homem ter nascido ou morrido, mas porque, ao longo de sua vida, ocorreu-lhe de ter perdido as coisas que são suas; não aquelas que ele recebeu de seu pai, sua terra e casa, sua estalagem e seus escravos, afinal, nenhuma dessas coisas é própria de um homem, todas elas pertencem a outros, são itens servis e sujeitos a contas ([do grego: HUPEITHUNA]), e em diferentes momentos são dados a diferentes pessoas por aqueles que as detêm em seu poder. Estou falando sobre aquelas coisas que lhe pertencem como homem, as marcas (selos) em sua mente por meio das quais ele veio ao mundo; assim como procuramos em moedas e, se as encontramos, nós as atestamos como verdadeiras, e, se não as vemos, nós as rejeitamos enquanto dinheiro. Qual é o selo desse sestércio? O de Trajano. Pois, então, apresente-o. É, na verdade, o selo de Nero. Jogue fora; não pode ser aceito porque é falsificado. Assim também acontece neste caso em questão: qual é a marca das suas opiniões? São a gentileza, a disposição sociável, o temperamento tolerante, a disposição para afeições mútuas. Então desenvolva essas qualidades. Eu as aceito: considero este homem um cidadão, aceito-o como vizinho, como companheiro das minhas viagens. Apenas veja que ele não tem o selo de Nero. Ele é impulsivo, está cheio de ressentimento, apenas procurando falhas? Se o capricho se apoderar dele, ele acaba quebrando a cabeça dos que cruzam seu caminho? (Se sim), por que você disse que ele é um homem? Tudo é julgado (determinado) pela forma crua das coisas? Se assim o for, então diga que essa forma em cera é uma maçã, que tem cheiro e sabor de maçã. Porém, essa imagem externa não é suficiente; nem o nariz e os olhos o são para atestar que o homem é tal porque, para isso, ele deve ter as opiniões de um homem. Aqui está um homem que não ouve a razão, que não sabe quando é refutado: um asno; em outro, o sentimento de vergonha está morto: ele não serve para nada, ele é qualquer coisa anterior a um homem. Esse homem procura alguém para chutar ou morder, de modo que não é nem uma ovelha ou mesmo um jumento; não passa de uma espécie de animal selvagem.

Então o quê? Quer que eu seja desprezado? Mas por quem? Por quem o conhece? E como aqueles que o conhecem desprezarão um homem gentil e modesto? Talvez você queira dizer aqueles que não o conhecem? O que significa isso para você? Nenhum outro artesão se importa com a opinião de quem não conhece a sua arte. No entanto, eles serão mais hostis comigo justamente por esse motivo. E por que você diz "comigo"? Algum homem, por acaso, é capaz de ferir a sua vontade ou impedi-lo de usar de maneira natural as aparências que lhe são apresentadas? De jeito nenhum. Então, por que você ainda se perturba e por que escolhe se mostrar com medo? Por que não se apresenta e proclama que está em paz com todos os homens, seja lá o que eles fizerem, e, então, ri daqueles que principalmente pensam que podem prejudicá-lo? Esses escravos, pode-se dizer assim, não sabem nem mesmo quem eu sou nem onde está o meu bem ou o meu mal, porque eles não têm acesso às minhas coisas.

Desse modo, também aqueles que ocupam uma cidade forte zombam dos sitiantes (e dizem): "Que trabalho esses homens estão tendo agora para resultar em nada depois. O nosso muro está seguro, temos comida para durar muito tempo e todos os demais recursos". Essas são as coisas que tornam uma cidade forte e inexpugnável; todavia, nada além das suas opiniões torna a alma de um homem inexpugnável. Que parede é tão forte, que corpo é tão rígido, que posse é tão segura ou que honra (posição, caráter) é tão livre de agressão (como as opiniões de um homem)? Todas as (outras) coisas, em todos os lugares, são perecíveis, podem facilmente ser tomadas por meio de assalto; se alguém, de alguma maneira, estiver apegado a elas, deve se sentir perturbado, exceto aquilo que é ruim; ele deve temer, lamentar, deparar-se com seus desejos desapontados e se render às coisas que evitaria. Logo, nós não escolhemos tornar seguro o único meio de segurança que nos é oferecido; não escolhemos nos afastar daquilo que é perecível e servil; trabalhar nas coisas que são imperecíveis e por natureza livres; e não nos lembramos do fato de que nenhum homem fere o outro ou faz bem a outro, e, sim, que as opiniões de um homem sobre cada coisa são justamente aquilo que o fere, que o derruba; isso é luta, discórdia civil, é guerra? O que tornou Etéocles e Polinices inimigos não foi outra coisa senão esta opinião que eles mantinham sobre o poder real, sobre o exílio: que um é o extremo dos males e o outro o maior dos bens. Ora, essa é a natureza de todo homem: buscar o bem, evitar o mal; considere, portanto, aquele que nos priva de um e nos envolve no outro como inimigo e traiçoeiro, mesmo que seja um irmão, filho ou pai. Pois nada é mais semelhante a nós do que o bem; logo, se essas coisas (externas) são boas e más, nem o pai é amigo dos filhos, nem o irmão do irmão, todo o mundo está em toda parte repleto de inimigos, traiçoeiros e bajuladores. Agora, se a vontade ([do grego: PROAIRESIS], o propósito, a intenção), sendo o que deve ser, é o único bem; e se ela, sendo tal como não deveria ser, é o único mal, onde existe contenda, onde há injúria? Mas sobre o quê? As coisas que não nos dizem respeito? E brigar com quem? Com os ignorantes, os infelizes, os que se enganam sobre as coisas essenciais?

Lembre-se disto: Sócrates administrou a sua própria casa e suportou uma esposa muito mal-humorada, além de um filho tolo (ingrato?).

Contra aqueles que lamentam por serem tratados com piedade

"Estou triste", diz um homem, "por ter pena de mim mesmo". Então o fato de você ter pena de si é algo que o preocupa, ou o que o preocupa são aqueles que têm pena de você? Bem, está em seu poder parar com essa pena? Está em meu poder se eu lhes mostrar que não preciso de piedade. Você está na condição de não merecer (requerer) piedade, ou não está nessa condição? Acho que não. No entanto, essas pessoas não têm pena de mim não por conta das coisas pelas quais deveriam. Se devessem ter pena de mim, seria apropriado, quero dizer, que o fosse por minhas falhas, mas têm pena de mim por conta da minha pobreza, por eu não ocupar cargos honrosos, por doenças e mortes e outras coisas afins. Mas, então, você está preparado para convencer a muitos de que nenhuma dessas coisas é em si um mal, que é possível para um homem que é pobre não ocupar cargos ([do grego: *ANARCHONTI*]) e não gozar de honra para ser feliz; ou se mostrar a eles como alguém rico e poderoso? Porque a segunda dessas coisas pertence a um homem que é orgulhoso, tolo e não presta para nada. E considere por quais meios a pretensão deva ter apoio. Será necessário alugar escravos e possuir alguns vasos de prata e, então, exibi-los em público, se possível, embora, muitas vezes, sejam os mesmos; além disso, tentar ocultar o fato de que são os mesmos; ter roupas esplêndidas e todas as outras coisas que servem para exibir; mostrar que você é um homem honrado pelos grandiosos; tentar cear em suas casas, ou supostamente fazê-lo; já, quanto à sua pessoa, empregar algumas artimanhas mesquinhas para que pareça mais bonito e mais nobre do que realmente é. Tais coisas você deve inventar se optar por seguir o segundo caminho, o necessário para que não tenham pena de você. Agora, o primeiro caminho é, ao mesmo tempo, impraticável e longo: tentar exatamente aquilo que Zeus não conseguiu fazer, que é convencer a todos os homens de que as coisas são boas e más. Esse poder é dado a você? Isso só lhe é dado para que se convença e, mesmo assim, você não se convenceu. Portanto, eu lhe pergunto: você tenta persuadir outros homens? E quem viveu muito tempo contigo sendo você mesmo? Quem tem tanto poder assim de convencê-lo do quanto você precisa convencer a si mesmo, e quem está mais disposto e mais próximo de você do que você mesmo? Logo, como você ainda não se convenceu de que precisa aprender tais coisas? Atualmente, elas não estão de cabeça para baixo? É isso que você tem feito com seriedade, que é aprender a se livrar da dor e da perturbação, a não ser humilhado (abjeto) e ser livre? Você não ouviu, portanto, que existe apenas um caminho que leva a esse fim: desistir (descartar) das coisas que não dependem da vontade, abstraí-las e finalmente admitir que elas pertencem a outros? Portanto, para outro homem ter uma opinião sobre você, de que tipo ela é? É algo que independe da vontade. Então não significa nada para você? Nada. Quando ainda está irritado com isso e perturbado, você pensa que está convencido sobre bem e mal?

Sobre a liberdade advinda do medo

O que faz do tirano alguém formidável? Os guardas, você diz, e suas espadas, os homens do quarto de dormir e aqueles que excluem os que querem entrar. Então, por que razão, se você leva um menino (criança) até o tirano quando ele está com seus guardas, ele não fica com medo? É porque a criança não entende tais conceitos? Se alguém entende o que são "guardas" e que eles têm espadas, e assim se aproxima do tirano exatamente para isso, porque deseja morrer por causa de alguma circunstância, e assim busca a morte facilmente pela mão de outro, ele tem medo dos guardas? Não, porque ele deseja a coisa que torna esses guardas formidáveis. Portanto, se algum homem que não deseja morrer nem viver por todos os meios possíveis e apenas da forma como pode ser permitido, aproxima-se do tirano, o que o impede de se aproximar dele sem medo? Nada. E, ainda, se um homem tem a mesma opinião sobre a sua propriedade que o homem que citei antes tem sobre seu corpo, e também sobre seus filhos, sobre a sua esposa; e, em resumo, estiver tão afetado por alguma loucura ou mesmo um desespero, que não se importa se os possui ou não; mas que, como crianças que brincam com conchas (brigam) sobre a brincadeira, mas não ligam para as conchas, também não deu valor aos materiais (às coisas) e, na verdade, valoriza o prazer que tem para com eles e a ocupação, então que tirano é formidável para ele, ou mesmo quais guardas ou quais espadas o são?

O que impede um homem que claramente distinguiu (compreendeu) tais coisas, de viver com um coração leve e carregar facilmente as rédeas da vida, esperando de forma tranquila tudo o que pode acontecer e suportando o que já aconteceu? Então, você quer que eu suporte a pobreza? Aproxime-se e você saberá o que significa "pobreza" quando encontrar alguém que seja capaz de desempenhar bem o papel de um homem pobre. Você quer que eu possua o poder disso? Deixe-me obter tal poder, mas também o problema dele. Bem, o banimento? Para onde quer que eu vá, estará tudo bem comigo, afinal, aqui também onde eu estou não é consequência do lugar em que eu estive bem comigo mesmo, mas por conta das minhas opiniões que levarei comigo, porque ninguém será capaz de me privar delas; e somente as minhas opiniões são minhas, elas não podem ser tiradas de mim; estou satisfeito enquanto as tenho, onde quer que esteja e o que quer que esteja fazendo. Mas agora é chegada a hora de morrer. Por que você diz "morrer"? Não faça nenhuma tragédia quanto à coisa, fale dela como ela verdadeiramente é. Agora é a hora de a matéria (do corpo) ser devolvida às coisas das quais um dia foi composta. E qual é a coisa formidável aqui? O que vai perecer das coisas que estão no universo? Que tipo de coisa nova ou mesmo maravilhosa vai acontecer? É por isso que um tirano é formidável? Por isso que os guardas parecem ter espadas grandes e afiadas? E diga isso aos outros; que considerei todas essas coisas; homem nenhum tem qualquer poder sobre mim; fui criado livre; eu conheço os seus comandos, agora homem algum é capaz de me levar como escravo. Tenho uma pessoa adequada para afirmar a minha liberdade; tenho juízes adequados. (Eu digo): você não é o mestre do meu corpo? Então, o que isso significa para mim?

Você não é o dono da minha propriedade? O que isso representa para mim? Você não é o mestre do meu exílio ou das minhas correntes? Bem, ao seu comando eu me afasto de todas essas coisas e de todo o corpo miserável quando quiser. Faça um teste do seu poder e, assim, você saberá o alcance dele.

Então, a quem eu ainda sou capaz de temer? Aqueles que estão no quarto? Eles seriam capazes de fazer o quê? Apagar-me? Se eles descobrirem que eu desejo entrar, pois que me deixem do lado de fora. Mas por que você vai para as portas? Porque acho que me convém, enquanto durar o jogo (esporte), pelo menos enquanto eu participar dele. Portanto, como você não está de fora? Porque, a menos que alguém me permita entrar, eu não escolho entrar; contudo, sempre me contento com aquilo que acontece, afinal, acho que aquilo que Deus escolhe é melhor do que o que eu escolho. Eu vou me firmar como ministro e seguidor dEle; tenho os mesmos movimentos (perseguições) que Ele, os mesmos desejos; em suma, tenho a mesma vontade ([do grego: SUNTHELO]). Não existem portas fechadas para mim e, sim, para aqueles que forçam a sua entrada. Logo, por que não forço a minha entrada? Porque sei que nada de bom se espalha dentro de quem entra. Todavia, quando ouço qualquer homem ser chamado de "sortudo" simplesmente porque é honrado por César, pergunto: e o que ele ganha com isso? Uma província (governar uma). Ele também obtém uma opinião sobre como deveria fazê-lo? O escritório de um prefeito. Ele também obtém o poder de usar bem esse escritório? Por que eu ainda me esforço para entrar (no quarto de César)? Um homem espalha figos e nozes secos; as crianças os pegam e brigam entre si por conta deles; já os homens não, porque pensam que são algo menor. Agora, se um homem lançar conchas, nem mesmo as crianças as pegam. As províncias são distribuídas, então deixe que as crianças as observem. O dinheiro é distribuído; deixe que as crianças também olhem para isso. Pretórios e consulados também são distribuídos, pois que as crianças lutem por eles, que sejam escorraçadas, espancadas, beijem as mãos do doador, dos escravos. Agora, para mim, tudo isso não passa de meros figos e nozes secos. O quê? Se você não conseguir pegá-los enquanto César os espalha, não se preocupe; se um figo seco cair no seu colo, pegue-o e coma-o, porque até agora você é capaz de valorizar até mesmo um figo. Contudo, se eu me abaixar e virar outro, ou for virado por outro, e assim elogiar aqueles que entraram no quarto (de César), nem mesmo um figo seco vale a pena, ou mesmo qualquer outra coisa que não seja boa, que os filósofos me persuadiram a não pensar serem coisas boas.

Para uma pessoa que foi transformada em um personagem de vergonha

Quando você vir outro homem com a posse do poder (magistratura), contraponha o fato de que você não tem a falta (desejo) desse poder; quando vir outro que seja rico, perceba o que você possui em vez das riquezas, pois, se não tem nada no lugar delas, você é miserável; agora, se não tem essa ausência de riquezas, saiba que você possui mais do que aquilo que esse homem possui, e algo que vale muito mais.

Quais coisas devemos desprezar e quais valorizar

As dificuldades de todos os homens são sobre as coisas externas; seu desamparo é sobre elas. E o que devo fazer? Como será? Como ficará? Isso vai acontecer? Será isso mesmo? Todas essas são as palavras daqueles que se voltam para as coisas que não estão sob o poder da vontade. Pois quem diz: "Como não concordarei com o que é falso? Como não me desviarei da verdade?"? Caso um homem tenha uma disposição tão boa a ponto de ficar ansioso com tais coisas, vou lembrá-lo disto: "Por que você está ansioso? A coisa está em seu próprio poder, então tenha certeza. Não seja precipitado em concordar antes de aplicar a ela a regra natural. Por outro lado, se um homem está ansioso (inquieto) com o desejo, para que ele não falhe em relação ao seu propósito e, assim, perca seu objetivo de vista, e quanto à evitação das coisas, para que ele não se renda àquilo que evitaria, eu primeiro vou beijá-lo (amá-lo), porque ele joga fora as coisas sobre as quais os outros estão agitados (aquilo que os outros desejam) e os seus medos; e, assim, emprega os seus pensamentos sobre os seus próprios assuntos e a sua própria condição. Então, eu direi a ele: "Se você não escolher desejar aquilo que não vai conseguir obter, nem mesmo tentar evitar aquilo a que se renderá, então não queira nada que pertença (que esteja em poder de) a outros nem tente evitar qualquer uma das coisas que não estão em seu poder. Se você não se atentar a essa regra, vai necessariamente falhar em seus desejos e se render àquilo que evitaria. Mas qual é a dificuldade aqui? Onde há espaço para as palavras "Como será?", e "Qual será a consequência disso?", e "Isso vai acontecer ou aquilo?"?

Ora, o que vai acontecer não é algo que independe da vontade? Sim. E a natureza do bem e do mal não está nas coisas que estão dentro do poder da vontade? Sim. Portanto, está em seu poder tratar em conformidade com a natureza tudo aquilo que acontece? Qualquer pessoa pode impedi-lo? Nenhum homem sequer. Então não me diga mais "Como será?" porque, seja como for, você lidará bem com isso; o resultado para você será de sorte. O que teria sido de Hércules se ele dissesse "Como não aparecerá um grande leão diante de mim, um javali enorme ou homens selvagens?". E o que isso importa para você? Se um grande javali aparecer, você travará uma luta intensa; se aparecerem homens maus, livrará a Terra deles. Suponha que eu perca a minha vida dessa maneira. Você vai morrer como um bom homem, fazendo um ato nobre. Afinal, como ele certamente há de morrer, necessariamente um homem haverá de ser encontrado fazendo alguma coisa, seja seguindo a função de um lavrador, seja cavando, negociando, trabalhando em um consulado, sofrendo de indigestão ou de diarreia. Mas o que você deseja fazer quando for encontrado pela morte? Da minha parte, eu gostaria de ser encontrado fazendo algo que pertença a um homem, algo benéfico, que seja adequado ao interesse geral, nobre. No entanto, se não posso ser encontrado fazendo coisas tão grandiosas, eu o serei fazendo pelo menos aquilo que não podem me impedir de fazer, fazendo o que me é permitido fazer: corrigindo-me, cultivando a faculdade que faz uso das aparências, trabalhando pela liberdade dos afetos (na tranquilidade da mente), dando às relações da vida aquilo que lhes é devido. Se eu tiver sucesso até então, também (eu seria encontrado) tocando (rumo a) o terceiro tópico (ou princípio): segurança na formação dos julgamentos sobre as coisas. Se a morte me surpreender quando eu estiver ocupado com tais coisas, já é suficiente para mim se eu puder estender as minhas mãos a Deus e dizer: "Eu não negligenciei os meios que recebi de Ti, a fim de ver a Tua administração (do mundo) e segui-la; não te desonrei com as minhas atitudes; veja como eu usei as minhas percepções, como fiz uso dos meus preconceitos. Alguma vez eu Te culpei? Fiquei descontente com qualquer coisa que acontecesse, ou mesmo desejei que fosse de outra maneira? Desejei transgredir as relações (estabelecidas) (das coisas)? Tu me deste a vida, agradeço-Te pelo que me deste. Desde que usei as coisas que são Tuas, estou contente. Leve-as de volta e coloque-as onde preferir, afinal, tudo sempre foi Teu, Tu as deste para mim". Não é o bastante partir sob esse estado de espírito? E qual vida é melhor e mais conveniente do que a de um homem que está em tamanho estado de espírito? E qual fim é mais feliz?

Sobre a pureza (limpeza)

Algumas pessoas questionam se o sentimento social está contido na natureza do homem, no entanto, acredito que essas mesmas pessoas não teriam dúvida de que o amor pela pureza com certeza está contido nele e que, se o homem se distingue de outros animais por alguma coisa, é por isso. Portanto, quando vemos qualquer outro animal se limpando, costumamos falar sobre esse ato com surpresa e ainda acrescentar que o animal está agindo igual a um homem; e, por outro lado, se um homem culpa um animal por estar sujo, imediatamente é como se estivéssemos dando uma desculpa para isso; afirmamos que é claro que o animal não é uma criatura humana. Dessa forma, supomos que haja algo superior no homem e que primeiro o recebemos dos deuses. Porque, assim como os deuses são puros e livres de corrupção por sua natureza, tanto quanto os homens se aproximam deles no que diz respeito à razão, eles se apegam à pureza e a um amor (hábito) pela pureza. Mas como é impossível que a natureza do homem ([do grego: OUSIA]) possa ser totalmente pura, já que ela é misturada (composta) de tais materiais, a razão ali é aplicada, na medida do possível, e a razão faz um esforço para fazer com que a natureza humana ame a pureza.

A primeira e mais elevada pureza é aquela que está na alma; e dizemos o mesmo sobre a impureza. Contudo, você não pode descobrir a impureza da alma da mesma forma como o faz com a do corpo; quanto à alma, o que mais você poderia encontrar nela além daquilo que a torna imunda quanto aos atos que são seus? Ora, as atitudes da alma são um movimento em direção a um objeto ou a partir dele; desejo, aversão, preparação, desígnio (propósito), assentimento. Portanto, o que nessas atitudes torna a alma imunda e impura? Nada além daquilo que os seus próprios maus julgamentos ([do grego: CHRIMATA]). Por consequência, a impureza da alma são as más opiniões dela própria e a purificação da alma é plantar nela as opiniões apropriadas. É pura aquela alma que tem opiniões próprias, porque apenas a alma, em seus próprios atos, está livre da perturbação e da poluição.

Pois não devemos nem mesmo pela aparência do corpo impedir a multidão de alcançar a Filosofia, no entanto, como nas outras coisas, um filósofo deve se mostrar alegre e tranquilo, assim como nas coisas que dizem respeito ao corpo. Vejam só, homens, que nada tenho, nada quero; vejam como estou sem casa, sem cidade, exilado, se assim o for, e sem lar eu vivo mais livre de problemas e mais feliz do que todos os nobres, do que os ricos. Agora, preste atenção também ao meu pobre corpo e observe que ele não está ferido pelo meu modo de vida árduo. Mas, se um homem, com a aparência (as vestes) e o rosto de um homem condenado, diz isso para mim, qual deus me persuadirá a me aproximar da Filosofia, sendo que ela transforma os homens em tais pessoas? Longe disso, eu não escolheria me aproximar, mesmo que fosse me tornar um homem sábio. De fato, preferiria que um jovem, ainda em seus primeiros movimentos rumo à Filosofia, viesse a mim com o cabelo cuidadosamente aparado, em vez de sujo e áspero, pois nele, sim, é possível perceber certa noção (aparência) de beleza e um desejo de (tentar) querer ser aquilo que está se tornando; onde se supõe que ele esteja, também ali se esforça para estar. Basta mostrar a ele (o que é) e dizer: "Jovem, você busca a beleza e fazer o bem, então deve saber que ela (é produzida) cresce naquela parte de você onde está a faculdade racional; procure por ela lá, onde você tem os movimentos para as coisas, vindos dela; onde estão os desejos e a aversão às coisas; porque é isso que você tem em si mesmo como sendo de um tipo superior. Já se o pobre corpo é naturalmente apenas terra, por que você trabalha nele sem qualquer propósito? Se não aprender mais nada, com o tempo aprenderá que o corpo não é nada. Agora, se um homem vem até mim coberto de sujeira, imundo, com o bigode até os joelhos, o que posso dizer para ele, que tipo de semelhança poderei oferecer a ele para se basear? Com o que ele se ocupou que se assemelhasse à beleza para que eu fosse capaz de mudá-lo e dizer: "A beleza não está nisso, mas naquilo"? Você me faria dizer a ele que a beleza não consiste em se sujar de lodo, mas que se baseia na parte racional? Ele tem algum desejo pela beleza? Existe alguma forma disso na mente dele? Vá falar com um porco e, então, diga a ele para que não role na lama.

Sobre atenção

Quando você tiver aliviado a intensidade da sua atenção por um breve momento, não imagine que a recuperará quando quiser; deixe que esse pensamento esteja presente em você, o de que, como consequência dessa falha, os seus assuntos estejam sob uma condição pior para tudo o que se seguir. Em primeiro lugar, e isso é o que causa mais problemas, desenvolve-se em você o hábito de não comparecimento, e, então, um hábito de adiar a sua atenção. E dessa forma, continuamente, de tempos em tempos você afasta, adiando a si a felicidade da vida, o comportamento adequado, o ser e o viver em conformidade com a natureza. Agora, se a procrastinação da atenção é lucrativa, a omissão completa dela é ainda mais; porém, se não o é, por que você não mantém a sua atenção constante? Hoje eu escolho tocar um instrumento musical, logo, não deveria tocá-lo com atenção? Eu escolho cantar. Então o que me impede de fazê-lo com atenção? Existe alguma parte da vida excetuada para a qual a atenção não se aplica? Pois você fará isso (qualquer coisa na vida) de uma maneira pior ao fazer uso da atenção, e melhor não prestando atenção? E o que mais das coisas da vida é feito melhor por aqueles que não usam a atenção? Quem trabalha em madeira o faz melhor não se atentando a ela? O capitão de um navio o administra melhor não se atentando à embarcação? E algum dos atos menores é feito melhor graças à desatenção? Você não percebe que, quando você deixa a sua mente a esmo, não está mais em seu poder lembrá-la das coisas, seja a propriedade, a modéstia ou a moderação; no entanto, faz tudo o que vem à sua mente em obediência às suas inclinações.

Primeiro, então, devemos ter estas (regras) à mão, não fazer nada sem as usar: devemos manter a alma direcionada para essa característica, não perseguir nada que seja externo, que pertença a outros (ou esteja sob o poder de outros), mas fazer como ele designou quem tem o poder; devemos buscar todas as coisas que estão sob o poder da vontade e todas as outras que são permitidas. Além disso, devemos lembrar quem somos e qual é o nosso nome, esforçar-nos para direcionar os nossos deveres para o caráter (a natureza) das nossas várias relações (na vida) da seguinte maneira: qual é o momento de cantar, de tocar, e na presença de quem; qual será a consequência dessa atitude; se os nossos associados nos desprezarão, se nós os desprezaremos; quando zombar ([do grego: SCHOPSAI]) e a quem ridicularizar; em que ocasião cumprir e na companhia de quem; e, por fim, cumprir a forma de como manter o nosso próprio caráter. Contudo, onde quer que você tenha se desviado de qualquer uma dessas regras, ali existe o dano imediato não de algo externo, mas da própria ação.

E o que fazer? É possível estar livre das falhas (se você fizer tudo isso)? Não é. Mas é possível direcionar seus esforços de maneira incessante a fim de ser impecável. Por que devemos nos contentar se, nunca remetendo tal atenção, escaparmos de pelo menos alguns erros? Porém, quando você disser: "Amanhã eu começarei a prestar atenção", deve saber que, na verdade, está dizendo isto: "Hoje eu serei sem vergonha, desrespeitando tempo e lugar; mesquinho; causar-me dor é algo que estará no poder de outros; hoje eu serei impulsivo e invejoso". Veja quantas coisas más você está se permitindo fazer. Se é bom usar a atenção amanhã, quão melhor, então, é fazê-lo hoje? Se amanhã for do seu interesse intensificar sua atenção, é muito mais hoje, para que você possa fazê-lo também amanhã, sem dar a chance de adiar mais uma vez para o terceiro dia.

Contra aqueles, ou a favor dos que contam prontamente seus próprios assuntos

Quando um homem parece ter falado com simplicidade (franqueza) conosco sobre seus próprios assuntos, de que forma, por fim, também somos induzidos a revelar a ele nossos próprios segredos e a pensar que isso é um comportamento sincero? Em primeiro lugar, porque parece injusto que um homem escute os assuntos de alguém e não conte a ele também os próprios assuntos; em segundo lugar, porque pensamos que não estamos mostrando para eles a aparência de homens sinceros quando silenciamos os nossos próprios assuntos. E, de fato, os homens costumam dizer: "Eu contei a você todos os meus assuntos, mas você não me contará nada dos seus? Onde algo assim acontece?". Além disso, também temos a opinião de que podemos confiar com segurança naquele que já nos contou os seus próprios assuntos, pois surge na nossa mente uma noção de que esse homem jamais seria capaz de revelar os nossos próprios assuntos porque seria cauteloso o bastante para que, caso isso viesse a ocorrer, também não divulgássemos os dele. Da mesma maneira, também os incautos são apanhados pelos soldados em Roma. Um soldado se senta ao seu lado usando traje comum e começa a falar mal de César; então, como se tivesse recebido uma promessa da sua fidelidade, pelo fato de ele ter começado tais abusos, você também diz aquilo que pensa e, em seguida, ele o leva acorrentado.

De forma geral, algo desse tipo também acontece conosco. Agora, como esse homem confiou fortemente os seus assuntos a mim, eu também devo fazê-lo a qualquer homem que encontrar? (Não) Porque, quando eu ouvir, manterei silêncio, se eu estiver em tal disposição; mas, então, ele segue em frente e conta para todos os homens tudo o que ouviu. Logo, se eu ouço o que ocorreu, se eu for um homem como ele, decido me vingar e divulgo a todos o que ele me disse; perturbo os demais e, ao mesmo tempo, perturbo-me. Todavia, se eu me lembrar do fato de que um homem não prejudica outro, que os atos de cada homem o prejudicam e o beneficiam, garanto que não farei nada como ele fez, porém, ainda sofro com a minha própria conversa tola.

Isso é verdade, mas é injusto que você tenha ouvido os segredos do seu companheiro, e você, por sua vez, não lhe comunica nada de volta. Eu perguntei sobre seus segredos, meu homem? Você comunicou os seus assuntos sob certos termos para que, em troca, também ouvisse os meus? Se é um tagarela e pensa que todos os que o conhecem são amigos, você deseja que eu também seja igual a você? Mas, afinal, se fez bem em confiar seus assuntos a mim e não é bom eu confiar os meus a você, por que quer que eu seja tão imprudente? É como se eu tivesse um barril à prova d'água e você um buraco, você viesse e confiasse o seu vinho a mim para que eu o colocasse no meu barril e, depois, reclamasse que eu também não lhe confiei o meu vinho porque você tem um barril também, mas que está furado. Como há alguma igualdade nisso? Você confiou os seus assuntos a um homem que é fiel e modesto, que pensa que as suas próprias ações são prejudiciais e (ou) úteis, mas que nada externo o é. Quer que eu confie os meus a você, um homem que desonrou a sua própria faculdade da vontade e que deseja ganhar dinheiro, cargo ou promoção na corte (no palácio do imperador), mesmo que para isso vá assassinar seus próprios filhos, como Medeia o fez? Onde (em que) está essa igualdade (justiça)? Porém, mostra-me que você é fiel, modesto e firme; que tem opiniões amigáveis; que seu barril não tem furos; e, assim, verá como eu não vou esperar que você confie em mim os seus próprios assuntos, porque eu mesmo irei até você e pedirei que ouça os meus. Pois quem é aquele que não escolhe fazer uso de uma boa embarcação? Quem não valoriza um conselheiro que seja benevolente e fiel? Quem não aceitará de bom grado um homem que está pronto a compartilhar, como podemos dizer, a dificuldade de suas circunstâncias e, por meio dessa mesma atitude, aliviar o fardo, tomando para si parte dele?

O enquirídio, ou manual

I.

De todas as coisas, algumas estão sob o nosso poder; outras, não. Temos poder sobre opinião ([do grego: HUPOLAEPSIS]), movimentar-se em direção a alguma coisa ([do grego: HORMAE]), desejo, aversão ([do grego: ECHCHLISIS]), desviar-se de algo; e, em suma, quaisquer que sejam os nossos atos. Não estão sob o nosso poder o corpo, a propriedade, a reputação, os ofícios (poder magistral) e, em essência, tudo o que não são os nossos próprios atos. E as coisas sob o nosso poder são por natureza livres, não estando sujeitas a restrições ou mesmo impedimentos; porém, aquelas coisas que não estão sob o nosso poder são fracas, servis, sujeitas a restrições, no poder de outros. Portanto, lembre-se de que, se você pensa que as coisas que por natureza são escravizadas são livres e as que estão sob poder dos outros são na verdade suas, será impedido, lamentará, ficará perturbado, culpará tanto deuses quanto homens por isso; agora, se pensa que só aquilo que é seu é realmente seu, e se pensa que o que é do outro, como realmente o é, pertence ao outro, ninguém jamais o obrigará a nada; nenhum homem o impedirá de nada, você nunca culpará esse ou aquele, não acusará nenhum homem, não fará nada involuntariamente (contra sua vontade), nenhum homem será capaz de prejudicá-lo, você não terá nenhum inimigo, pois não sofrerá nenhum dano.

Então se você deseja (apontar para) as coisas que são grandiosas, lembre-se de que não deve (tentar) obtê-las por meio de um esforço pequeno; no entanto, deve deixar de lado algumas coisas por inteiro e adiar outras por enquanto. Mas, se deseja essas coisas também (as grandiosas), e poder (ofício), e riqueza, talvez não ganhe nem mesmo essas últimas (poder e riqueza), porque também visa às coisas anteriores (as grandiosas); certamente você falhará naquelas coisas por meio das quais se garante somente a felicidade e a liberdade. Portanto, de imediato, pratique dizer a cada coisa que tenha uma aparência áspera: "Você não passa de uma aparência e de maneira alguma é aquilo o que você parece ser". E, em seguida, analise-a por meio das regras que você tem; primeiro e principalmente, se ela se refere às coisas que estão sob o nosso poder ou às que não estão; se estiver relacionada a qualquer coisa que não esteja sob o nosso poder, esteja pronto para dizer que isso é algo que não lhe diz respeito.

II.

Lembre-se de que o desejo contém em si a profissão (esperança) de obter aquilo que você deseja; e a profissão (esperança) contém em si a aversão (desvio de uma coisa) de que você não se renderá àquilo que tenta evitar; e aquele que falha em seu desejo é infeliz; aquele que cede àquilo que deseja evitar é infeliz. Portanto, se tentar evitar apenas as coisas contrárias à natureza que estão ao seu alcance, não estará envolvido em nenhuma das coisas que evitaria. Mas se você tentar evitar a doença, a morte ou a pobreza, então será infeliz. Por conseguinte, afaste a aversão de todas as coisas que não estão sob o nosso poder e transfira-a às coisas contrárias à natureza que estão. Todavia, destrua completamente o desejo ao presente. Pois, se você deseja algo que não está sob o nosso poder, será infeliz, mas daquelas coisas que estão sob o nosso poder, e as quais seria bom desejar, nada disso ainda está diante de você. Empregue, portanto, apenas o poder de se direcionar a um objeto e se afastar dele; e desses poderes, de fato, apenas ligeiramente, com exceções e com remissão.

III.

Em tudo o que agrada à alma, ou supre uma necessidade, ou é amado, lembre-se de acrescentar isto (à descrição, à noção): "Qual é a natureza de cada coisa, a começar pela menor delas?". Se você ama um vaso de barro, diga que aquilo que você ama é, na verdade, um simples vaso de barro, porque assim, quando ele se quebrar, você não se perturbará. Se estiver beijando seu filho ou sua esposa, diga que quem você está beijando são seres humanos, pois, quando ela ou ele morrer, sua morte não o perturbará.

IV.

Quando for realizar qualquer ato, lembre-se de que tipo ele é. Se for o de tomar um banho, coloque diante de si o que acontece no banho; alguns espirram água, outros empurram-se entre si, pessoas abusam umas das outras e alguns até mesmo roubam; dessa forma, com mais segurança, você lidará melhor com a situação se disser a si mesmo: "Agora pretendo me banhar e manter a minha vontade em conformidade com a natureza". E é dessa maneira que você agirá em cada momento que exigir uma ação sua porque, assim, se algum empecilho ocorrer durante o banho, o pensamento estará pronto. Não era apenas isso que eu pretendia fazer, mas também manter a minha vontade de uma maneira que estivesse em conformidade com a natureza; porém, não conseguirei me manter dessa forma se eu ficar aborrecido com o que acontece.

V.

Os homens não se incomodam com as coisas que ocorrem e, sim, com as opiniões sobre essas coisas; por exemplo, a morte não é nada terrível em si, pois se assim o fosse teria sido percebida por Sócrates dessa maneira; na verdade, a opinião sobre a morte é que é terrível; essa em si é a coisa terrível. Quando formos impedidos, ficarmos perturbados ou entristecidos, jamais culpemos os outros e, sim, a nós mesmos, isto é, as nossas opiniões. É atitude de um homem instruído que esteja adoentado culpar os outros por sua própria doença; é atitude de quem começou a ser instruído colocar a culpa em si mesmo; em alguém cuja instrução está completa, a atitude certa não é nem culpar o outro nem a si mesmo.

VI.

Não fique exultante diante de nenhuma vantagem (excelência) que pertença a outra pessoa. Se um cavalo, quando estiver eufórico, disser: "Eu sou lindo", alguém pode suportar tal coisa. Agora, quando você está exultante e diz: "Eu tenho um belo cavalo", deve saber que está exultante por ter um bom cavalo. Qual é, então, o seu papel nisso? Usar as aparências. Por consequência, quando, ao usar as aparências, você estiver em conformidade com a natureza, aí sim fique exultante, pois nesse momento você o fará com algo bom que lhe pertence.

VII.

Assim como, quando se está em uma viagem e o navio chega a um porto, você sai para buscar água, mesmo sendo divertido pegar um marisco ou algum bulbo pelo caminho, seus pensamentos precisam estar focados no navio, você deve se manter sempre atento caso o capitão chame, e, então, deve jogar fora todas essas coisas para que não seja atado e lançado no navio como fazem com as ovelhas. Assim é na vida também. Se forem dados a você, em vez de um pequeno bulbo e uma concha, uma esposa e um filho, não haverá nada para impedir isso (você de tomá-los). Agora, se o capitão chamá-lo, corra para o navio e deixe todas essas coisas para trás, sem se importar com elas. Se você for velho, nem mesmo se afaste do navio para que, quando for chamado, você não fique à revelia.

VIII.

Não queira que as coisas aconteçam da forma como você deseja; deseje que elas ocorram da forma como são, assim você terá um fluxo de vida tranquilo.

IX.

A doença é um impedimento para o corpo, mas não para a vontade, a menos que a própria vontade assim o queira. A claudicação é um impedimento para a perna, porém não para a vontade. E use essa mesma reflexão para tudo o que acontece; pois você achará que isso é um impedimento para outra coisa, não para você mesmo.

X.

No exato momento em que cada incidente (evento) ocorrer com você, lembre-se de voltar-se para si mesmo e questionar que tipo de poder usar a seu favor. Se vir um homem justo ou uma mulher justa, descobrirá que o poder de resistir é a temperança (continência). Se o trabalho (dor) se revelar a você, descobrirá que é a resistência. Se palavras abusivas, descobrirá que é a paciência. Se assim você foi ensinado para o hábito (adequado), as aparências não o levarão com elas.

XI.

Nunca diga sobre nada "eu perdi aquilo" e, sim, "aquilo foi restaurado". Seu filho está morto? Ele foi restaurado. Sua esposa morreu? Ela foi restaurada. Sua propriedade foi tirada de você? Então, ela também não foi restaurada? Mas aquele que a tirou de mim é um homem mau. E o que isso significa, para você, das mãos de quem aquele que a ofereceu a exigiu de volta? Enquanto ele permitir, cuide dela como algo que, na verdade, é de outra pessoa, como os viajantes fazem com as estalagens onde se hospedam.

XII.

Se você pretende se aperfeiçoar, jogue fora pensamentos como este: "Se eu negligenciar meus negócios, não terei os meios para viver; a menos que eu castigue meu escravo, ele será mau". É melhor morrer de fome e libertar-se da dor e do medo do que viver em abundância, mas sob perturbações; e é melhor que seu escravo seja mau do que você alguém infeliz. Portanto, comece pelas pequenas coisas. O óleo foi derramado? Um pouco de vinho roubado? Em tais ocasiões, diga: "A esse preço é vendida a libertação da perturbação; a esse preço se vende a tranquilidade, mas nada se compra à toa". Quando você chamar o seu escravo, considere ser possível que ele não o ouça; se ele ouvir, considere que ele não fará nada que você deseja. Mas as coisas com ele não estão tão bem e, em contrapartida, completamente bem com você, que deveria estar sob poder dele perturbar.

XIII.

Se quer se aperfeiçoar, permita-se considerar sem sentido e tolas as coisas externas. Considere desejar nada saber; se para alguém você parecer uma pessoa importante, desconfie de si mesmo. Porque você deve saber que não é fácil manter a sua vontade sob uma condição que esteja em conformidade com a natureza e (assegurar) as coisas externas; porém, se um homem é cauteloso com uma, é de uma necessidade absoluta que ele negligencie a outra.

XIV.

Se você quer que seus filhos, sua esposa e seus amigos vivam para sempre, você é um tolo, pois deseja que as coisas que não estão em seu poder estejam, e as que pertencem a outros sejam suas. Portanto, se quer que o seu escravo seja livre de defeitos, você é um tolo; para você, ter maldade não significaria ser mau, mas outra coisa. Se você deseja não falhar em seus desejos, então é capaz de fazer isso. Portanto, pratique o que você é capaz de praticar. Ele é o mestre de todo homem que tem poder sobre as coisas que outra pessoa deseja ou não, o poder de concedê-las ou retirá-las. Então quem quiser ser livre, que não deseje nada nem evite nada que dependa dos outros. Se não observar essa regra, há de ser um escravo.

XV.

Lembre-se de que, na vida, você deve se comportar como se estivesse em um banquete. Suponha que algo seja levado e colocado à sua frente. Estenda a mão e pegue uma porção, com decência. Suponha que passe por você. Não o queira para si. Suponha que aquilo ainda sequer chegou a você. Não envie seu desejo adiante para ele; apenas espere até que esteja na sua frente. Aja assim em relação aos filhos, à esposa, aos cargos no magistério, à riqueza, e por algum tempo você será um parceiro digno dos banquetes dos deuses. Agora, se não pegar nenhuma das coisas que estão diante de você e até mesmo desprezá-las, será não só alguém que banqueteia com os deuses, como também um parceiro deles no poder. Pois foi ao agir assim que Diógenes, Heráclito e aqueles que estavam com eles se tornaram merecidamente divinos, e dessa forma assim eram chamados.

XVI.

Quando você vir uma pessoa chorando de tristeza, seja quando uma criança viaja para longe de casa ou por alguém que está morto, ou mesmo um homem que perdeu a sua propriedade, tome cuidado para que a aparência não o faça agir de forma precipitada, como se essa pessoa estivesse sofrendo por coisas externas a ela. De imediato, faça em sua própria mente as devidas distinções e esteja pronto para dizer que não é aquilo que aconteceu que está afligindo essa pessoa em questão, já que isso não está afligindo outro, mas é a opinião sobre essa coisa que a aflige. Quanto às palavras, não deixe de lhe oferecer simpatia e, mesmo que isso aconteça, não deixe de lamentar com ela. No entanto, tome cuidado para não se lamentar internamente também.

XVII.

Lembre-se de que você é um ator em uma peça, do tipo que o professor (autor) pode escolher; se breve, de uma que é breve; se longa, de uma que é longa. Se ele deseja que você interprete o papel de um homem pobre, faça-o de uma maneira que soe natural; se o papel for de um coxo, de um magistrado, de uma pessoa reservada (faça o mesmo). Pois este é o seu dever: desempenhar bem a função que lhe é dada; agora, para selecionar a peça, isso já pertence a outra pessoa.

XVIII.

Quando um corvo crocitar de forma infeliz, não deixe que a aparência disso o faça precipitar em pegá-lo e levá-lo consigo; imediatamente, faça uma distinção em sua mente e diga: "Nenhuma dessas coisas significa nada para mim, senão para meu pobre corpo, minha pequena propriedade, minha reputação, meus filhos, minha esposa; mas, para mim, todas as significações são auspiciosas se eu assim decidir. Pois qualquer que seja o resultado disso, está em meu poder tirar proveito da situação.

XIX.

Você pode ser invencível, mas apenas se não entrar em nenhuma competição na qual não esteja em seu poder vencer. Cuidado, pois, ao observar um homem honrado diante dos outros, ou um que seja possuidor de grande poder, até mesmo que seja altamente estimado por qualquer motivo, não suponha que ele seja feliz e não se deixe levar pela aparência. Porque, se a natureza do bem está sob o nosso poder, inveja nem ciúme encontrarão um lugar em nós. Mas você mesmo não desejará ser general, senador ([do grego: PRUTANIS]) ou cônsul, e, sim, um homem livre, e há apenas um caminho para isso: desprezar (não se preocupar com) as coisas que não estão sob o nosso poder.

XX.

Lembre-se de que não é ele que o ultraja ou bate em você que o insulta, mas a sua opinião sobre essas coisas como sendo um insulto. Portanto, quando um homem o irrita, você deve saber que, na verdade, foi a sua própria opinião que o irritou. Sendo assim, tente, especialmente, não se deixar levar pela aparência. Se com isso você ganhar tempo, dominar-se-á mais facilmente.

XXI.

Deixe que a morte, o exílio e todas as outras coisas que parecem terríveis estejam diariamente diante de seus olhos; porém, acima de tudo, a morte. Dessa forma, você nunca pensará em nada mesquinho nem desejará nada de um jeito que seja extravagante.

XXII.

Se deseja a Filosofia, prepare-se desde o início para ser ridicularizado; espere que muitos zombem de você e digam: "Ele imediatamente se voltou para nós como um filósofo; e de onde ele tira esse olhar arrogante voltado para nós?". Mas você não exibe um olhar arrogante; apegue-se às coisas que lhe parecem melhores, como alguém designado por Deus para tal posição. E lembre-se de que, se você seguir os mesmos princípios, esses homens que primeiro o ridicularizaram depois o admirarão; agora, se você tiver sido dominado por eles, fará um duplo papel de ridículo.

XXIII.

Se acontecer de se voltar àquilo que é exterior a você para agradar a alguém, deve saber que ali perdeu o seu propósito na vida. Satisfaça-se, portanto, em tudo ao ser filósofo. Se você também desejar parecer um filósofo a qualquer pessoa, faça parecer para si mesmo; dessa forma, você será capaz de fazer isso.

XXIV.

Não deixe que tais pensamentos o aflijam: "Viverei sem honra e não serei ninguém em lugar nenhum". Se a falta de honra ([do grego: *ATIMIA*]) é um mal, você não pode estar no mal por conta (culpa) de outra pessoa, não mais do que pode estar envolvido em qualquer coisa vil. É de sua responsabilidade ocupar o posto de magistrado ou ser recebido em um banquete? De jeito nenhum. Então, como isso pode ser por falta de honra (desonra)? E como você pode não ser ninguém em nenhum lugar, quando deveria ser alguém apenas naquelas coisas que estão em seu poder, nas quais, de fato, é-lhe permitido ser um homem de maior valor? Mas os seus amigos ficarão sem assistência! E o que quer dizer com "estar sem assistência"? Eles não receberão dinheiro de você nem você fará deles cidadãos romanos. Então, quem lhe disse que essas estão entre as coisas sob o nosso poder e não no de outros? E quem pode dar ao outro aquilo que ele mesmo não tem? Portanto, obtenha dinheiro, dizem os seus amigos, para que também, assim, possamos ter alguma coisa. Se eu for capaz de ganhar dinheiro e também me manter modesto, fiel e magnânimo, pois, então, indique o caminho a ser seguido e o ganharei. Mas se você me pedir para perder as coisas boas e que sejam minhas a fim de ganhar aquelas que não são boas, perceba o quanto você está sendo injusto e tolo. Além disso, o que você prefere ter: dinheiro ou um amigo fiel e modesto? Mas, antes de qualquer coisa, para tanto, ajude-me a ser esse homem e não me peça para fazê-lo em detrimento desse personagem. Porém, você diz que, no que depender de mim, o meu país ficará sem a minha ajuda. E mais uma vez eu me questiono: que tipo de ajuda você quer dizer? Não haverá pórticos ou banhos no seu caminho. E o que isso significa? Pois não se obtém sapatos de um ferreiro nem armas das mãos de um sapateiro. Mas cada homem cumprindo plenamente o trabalho que é seu, isso já é o bastante. E se você a oferecesse para outro cidadão fiel e modesto, isso lhe seria útil? Sim. Portanto, você também não pode ser inútil para isso. Então, que lugar na cidade eu devo ocupar? Todo aquele que você for capaz se, ao mesmo tempo, conseguir manter a sua fidelidade e modéstia. Contudo, se quando desejar ser útil ao Estado você perder tais qualidades, que proveito poderia oferecer a ele se fosse desprovido de vergonha e fé?

XXV.

Antes de você, algum homem foi o preferido em um banquete, ao ser saudado, ou ao ser convidado para uma conversa? Se essas coisas são boas, então você deve se alegrar por ter sido ele a tê-las obtido; agora, se forem ruins, não se entristeça por não ter sido você aquele que as obteve. E lembre-se de que você não pode ser considerado digno das mesmas coisas (iguais) se não fizer as mesmas coisas a fim de obter o que não está sob o nosso próprio poder. Como pode um homem obter uma parte igual ao que outro obteve, quando este não visita as portas de um homem da mesma forma como esse outro o faz; quando não o recebe quando vai para o exterior, como o outro faz; quando ele não o elogia (bajula) como o outro o faz? Você será injusto e insaciável se não se separar do preço em troca do qual essas coisas são vendidas, e se quiser obtê-las por nada. Bem, então qual é o preço das alfaces? Um óbolo, talvez. Logo, caso um homem ofereça o óbolo e receba as alfaces, e se você não desistir desse óbolo e não obtiver as alfaces, não suponha que recebeu menos do que aquele que as obteve; pois, assim como ele tem as alfaces, você tem o óbolo que não deu por elas. Da mesma forma, na outra questão, você também não foi convidado para a festa de um homem, pois não pagou ao anfitrião o preço pelo qual a ceia é vendida; contudo, ele a vende por elogios (bajulação), por atenção pessoal. Dê, então, o preço pelo qual é vendido, se for do seu interesse. Mas, se desejar não determinar esse preço e, assim, obter as coisas, você é insaciável e tolo. Então você não tem nada no lugar da ceia? Na verdade, tem: o não lisonjeio dele, a quem você escolheu não lisonjear; você tem a não perseverança do homem quando ele entra na sala.

XXVI.

Talvez aprendamos sobre o desejo (vontade) da natureza a partir das coisas que são semelhantes entre si; por exemplo, quando o escravo de seu vizinho quebrou a sua taça, ou qualquer outra coisa, estamos prontos para dizer imediatamente que essa é uma das coisas que acontecem. O que você deve saber é que, quando seu copo também está quebrado, você deve pensar da mesma forma como o fez quando o copo do seu vizinho foi quebrado. Transfira essa reflexão também às coisas maiores. O filho ou a esposa de outro homem morreu? Não há quem não diga: "Esse é um incidente que concerne ao homem". Porém, quando o próprio filho ou a própria esposa de um homem morre, imediatamente ele clama: "Ai de mim, como sou um miserável!". Contudo, devemos nos lembrar de como nos sentimos quando ouvimos que isso aconteceu com outras pessoas.

XXVII.

Assim como uma marca não é colocada com o propósito de errar o alvo, a natureza do mal também não existe no mundo para tal.

XXVIII.

Se qualquer pessoa pretendesse colocar o seu corpo sob o poder de qualquer homem com quem você se encontrasse pelo caminho, você ficaria aborrecido; agora, ao colocar o seu entendimento sob o poder de qualquer homem que você encontre pelo caminho para que, assim, se ele o injuriar, você se sinta perturbado e aflito por conta disso, não vai se envergonhar de tal?

XXIX.

Em cada atitude, observe as coisas que vêm primeiro e as que se seguem a partir daí; e, dessa forma, proceda ao ato em si. Se não o fizer, a princípio você se aproximará com entusiasmo, sem ter pensado sobre as coisas que virão a seguir; no entanto, depois, quando certas coisas baixas (feias) se revelarem, você se sentirá envergonhado. Um homem deseja vencer nos Jogos Olímpicos. Eu também o desejo, de fato, afinal, é algo bom. Mas observe tanto as coisas que vêm primeiro como as que se seguem; e só a partir disso comece a agir. Você deve fazer tudo em conformidade com a regra, comer de acordo com as ordens estritas, abster-se das iguarias, exercitar-se da forma como lhe é ordenado nos momentos predeterminados, no calor, no frio; você não deve beber água fria nem vinho como bem quiser; em resumo, você deve se entregar ao mestre dos exercícios assim como o faz perante o médico, e só então prosseguir rumo à competição. Às vezes, você vai forçar a mão, desarticular o tornozelo, engolir muita poeira; em outras, será açoitado e, mesmo depois de tanto ter acontecido, ser derrotado. Quando tiver considerado tudo isso, se ainda precisar escolher, vá para a competição. Se não o fizer, você se comportará como as crianças, que ora brincam de lutadores, ora de flautistas, e então novamente de gladiadores, depois viram trompetistas, atores de tragédia. Assim também será ora atleta, ora gladiador, ora retórico, ora filósofo, porém, não será nada com toda a sua alma; como um macaco, você imita tudo aquilo que vê, uma coisa após a outra lhe agrada. Porque você não se dedicou a nada com consideração nem analisou bem; você o fez de forma descuidada, com desejo frio. Da mesma forma, alguns que viram um filósofo e o ouviram falar como o Eufrates fala – e quem mais consegue falar como ele? – também desejam ser filósofos. Caro homem, primeiro considere de que tipo é a coisa e, então, analise a sua própria natureza, se você for capaz de sustentar o personagem. Deseja ser um pentatleta ou um lutador? Observe seus braços, suas coxas, analise seus lombos. Diferentes homens são formados pela natureza para coisas diferentes. Você acha que, se fizer tais coisas, será capaz de comer, beber e detestar determinadas coisas da mesma maneira? Você precisará passar noites sem dormir, suportar trabalho árduo, afastar-se dos seus parentes, ser desprezado por um escravo, em tudo ficar com a parte inferior, na honra, na função, nos tribunais de justiça, em todos os assuntos pequenos. Considere tais coisas: se você trocaria se livrar das paixões, da liberdade e da tranquilidade por elas. Caso a resposta seja "não", tome cuidado para que, assim como as criancinhas, você agora não seja um filósofo, depois um servo dos publicanos, em seguida um retórico e, então, um procurador (gerente) de César. Tais coisas não são consistentes. Você deve ser um homem, bom ou mau. Deve cultivar a sua própria faculdade dominante ou as coisas externas. Deve praticar a sua habilidade nas coisas internas ou nas externas; isto é, você deve manter a posição de um filósofo ou a de uma pessoa comum.

XXX.

Os deveres são universalmente medidos pelas relações ([do grego: TAIS SCHSESI]). Um homem é um pai? O preceito é cuidar dele, render-se a ele em todas as coisas, submeter-se quando ele repreende, inflige golpes. Mas suponha que ele seja um mau pai. Então, por natureza, você foi atrelado a um bom pai? Não, mas, simplesmente, a um pai. Um irmão errou com você? Mantenha, portanto, a sua própria posição quanto a ele e não analise o que ele está fazendo, mas o que você deve fazer para que a sua vontade se mantenha em conformidade com a natureza. O outro não o prejudicará a menos que você escolha que ele assim o faça; você se prejudicará quando pensar que sofreu prejuízos. Desse modo, descobrirá o seu dever na relação com um vizinho, cidadão, general, se estiver acostumado a contemplar as relações.

XXXI.

Quanto à piedade para com os deuses, você deve saber que o principal é ter opiniões corretas sobre eles, pensar que eles existem e que administram bem o Todo, e com justiça; e você deve se fixar nesse princípio (dever), obedecê-los e se render a eles em tudo o que acontece; voluntariamente segui-los como quem é realizado pela mais sábia inteligência. Se fizer isso, jamais culpará os deuses nem os acusará de negligenciá-lo. E não é possível fazer isso de outra maneira que não seja retirando as coisas que não estão sob o nosso poder, colocando o bem e o mal apenas nas coisas que estão. Se você pensa que alguma das coisas que não estão sob o nosso poder é boa ou má, faz-se absolutamente necessário que você, quando não obtiver o que deseja e se render às coisas que não deseja, encontrando falhas e odiando aqueles que são a causa delas – pois todo animal é criado pela natureza para tal –, fuja e se afaste das coisas que parecem prejudiciais e que são a causa do dano causado, para seguir e admirar as coisas que são úteis e as causas delas. Portanto, é impossível que uma pessoa que pensa que foi prejudicada se deleite com aquilo que ela pensa ser a causa desse dano, como também é impossível se agradar por meio do próprio prejuízo em si. Por isso, mesmo um pai também recebe injúrias de seu filho quando não dá parte das coisas que são consideradas boas a esse filho; e foi justamente isso que tornou Polinices e Etéocles inimigos, a opinião de que o poder real era um bem em si. É por isso que o lavrador da terra insulta os deuses, que o marinheiro e o mercador, que aqueles que perdem suas esposas e seus filhos, também o fazem. Pois onde está aquilo que é útil (seu interesse), também ali está a piedade. Por consequência, aquele que se preocupa em desejar e evitar ([do grego: ECHCHLINEIN]) como deve, ao mesmo tempo também está cuidando da piedade. Contudo, fazer libações e sacrifícios, oferecer primícias de acordo com o costume dos nossos pais, puramente e não com mesquinhez, nem de forma descuidada, escassa, ou acima de nossa capacidade, é algo que pertence a todos.

XXXII.

Quando você recorrer à adivinhação, lembre-se de que não sabe como isso acontecerá, mas que veio justamente perguntar ao adivinho. Porém, se você, de fato, é um filósofo, sabe de que tipo isso é quando chega ali. Se for alguma das coisas que não estão sob o nosso poder, é absolutamente necessário que não seja nem uma coisa boa nem má. Portanto, não leve ao adivinho desejo ou aversão ([do grego: *ECHCHLINEIN*]); se o fizer, você se aproximará dele com medo. E, uma vez tendo determinado em sua mente que tudo o que deve se concluir (resultado) é algo indiferente e não lhe diz respeito, seja o que for, porque estará em seu poder usá-lo bem, e ninguém impedirá isso, então vá com confiança tendo os deuses como seus conselheiros. E assim, quando algum conselho for dado, lembre-se de quem você escolheu como conselheiro e de quem terá negligenciado, caso não os obedecer. E vá para a adivinhação da mesma forma como Sócrates disse que deveria sobre aquelas questões nas quais toda análise se refere ao resultado; nas quais os meios não são dados nem pela razão nem por qualquer outra arte, a fim de conhecer a coisa que é objeto do questionamento. Logo, quando devemos compartilhar o perigo de um amigo ou o do nosso país, você não deve consultar o adivinho sobre se deve ou não compartilhar tal informação. Porque, mesmo que o adivinho lhe diga que os sinais das vítimas são de azar, é claro que isso é um sinal de morte, mutilação de parte do corpo ou exílio. Mas a razão prevalece e, mesmo com esses riscos, devemos compartilhar os perigos do nosso amigo e do nosso país. Portanto, preste atenção ao adivinho maior, o deus Pítio, aquele que expulsou do templo a pessoa que não ajudou seu amigo quando ele estava sendo assassinado.

XXXIII.

Prescreva imediatamente algum personagem e algum comportamento para si mesmo, os quais você deve observar quando estiver sozinho e quando se encontrar com homens.

Deixe que o silêncio seja a regra geral, ou que se diga somente o necessário, e em poucas palavras. Raramente, e quando a ocasião demandar, diremos alguma coisa; apenas sobre nenhum dos assuntos comuns, não sobre gladiadores nem corridas de cavalos, atletas, comer ou beber, que são os assuntos habituais; e, especialmente, não sobre os homens, como culpá-los, elogiá-los ou compará-los. Se conseguir, direcione a sua conversa, a de seus companheiros, para aquilo que é apropriado; porém, se acontecer de você ficar confinado à companhia de estranhos, fique em silêncio.

Não deixe o seu riso ser demais nem que ele se dê em muitas ocasiões ou seja excessivo.

Recuse-se por completo a fazer qualquer juramento, se for possível; se não for, recuse conforme for capaz.

Evite banquetes que são oferecidos por estranhos e por pessoas ignorantes. Contudo, se alguma vez houver a oportunidade de se juntar a eles, que a sua atenção seja cuidadosamente fixada para que, assim, você não se renda aos comportamentos dos que são vulgares (os não instruídos). Pois você deve saber que, se o seu companheiro for impuro, também aquele que faz companhia a ele se tornará impuro, ainda que ele próprio seja puro.

Conduza (aplique) as coisas que se relacionam com o corpo até o uso natural delas, como comida, bebida, roupas, casa e escravos; no entanto, fuja de tudo o que serve apenas para exibição ou luxo.

Quanto ao prazer com as mulheres, abstenha-se tanto quanto for capaz antes do casamento; agora, caso você se renda a isso, faça-o de acordo com o costume. Todavia, não seja desagradável para com aqueles que se entregam a tais prazeres nem os repreenda; e não se gabe com frequência de que você mesmo não se rende a eles.

Se um homem lhe informou que certa pessoa fala mal de você, não faça nenhuma defesa (resposta) àquilo que lhe foi contado; responda apenas: "O homem não conhecia o resto dos meus defeitos porque, se soubesse deles, não teria mencionado apenas esses".

Não é necessário ir ao teatro com frequência; porém, se houver uma ocasião apropriada para fazê-lo, não se mostre partidário de nenhum homem com exceção a você mesmo, isto é, deseje apenas o que é feito para quem só quer fazê-lo, e ao que quer ganhar o prêmio somente aquele que ganha o prêmio; dessa maneira não vai se deparar com nenhum obstáculo. Abstenha-se inteiramente de gritos e risadas vindos de qualquer (coisa ou pessoa), ou mesmo emoções violentas.

Quando você for embora, não fale muito sobre o que se passou no palco, exceto sobre aquilo que pode levar ao seu próprio aperfeiçoamento. Pois, é claro, se você fala muito é porque admirou o espetáculo (mais do que deveria).

Não vá aos encontros de recitações de determinadas pessoas nem as visite prontamente. Agora, se você comparecer, observe a gravidade e a calma; além disso, evite ser desagradável.

Quando for se encontrar com qualquer pessoa, e particularmente com uma daquelas consideradas de condição superior, faça o que Sócrates ou Zenão teriam feito em tais circunstâncias, e você não terá dificuldade em fazer um uso adequado da ocasião.

Quando for a algum daqueles que estão em grande poder, convença-se de que você não encontrará o homem em casa, que será excluído, que a porta não será aberta para você, que o anfitrião não se importará com a sua presença. Se, com tudo isso, for dever seu ir visitá-lo, suporte o que acontecer e nunca diga a si mesmo que não valeu a pena, pois isso é tolice e é símbolo do caráter de um homem que se ofende com coisas externas.

Quando estiver na companhia de outras pessoas, tome cuidado para não falar muito e excessivamente sobre seus próprios atos ou perigos pelos quais já passou; pode até ser agradável para você mencionar seus próprios perigos, mas não o é para os outros ouvirem o que aconteceu com você. Também tome cuidado para não provocar risos, afinal, esse é um caminho escorregadio que pode levar a hábitos vulgares e fazer com que o respeito de seus vizinhos para com você diminua. Abordar conversas que sejam obscenas também é uma atitude perigosa. Portanto, quando algo desse tipo ocorrer, caso haja uma boa oportunidade, repreenda o homem que procedeu tal conversa; no entanto, se essa oportunidade não surgir, pelo menos, por meio de seu silêncio, rubor e expressão de insatisfação em seu semblante, deixe bem claro que você está descontente com tal conversa.

XXXIV.

Se você teve a impressão ([do grego: *PHANTASION*]) de ter percebido algum prazer, contenha-se para não se deixar levar por ele; porém, permita a coisa esperar por você e, de sua parte, atrase um pouco o contato com tal. Então pense nos dois momentos, naquele em que você desfrutará do prazer e no que se dará após o gozo desse prazer, quando você se arrependerá e se censurará por tê-lo feito. E contra essas coisas pense em como você se alegrará caso se abstiver do prazer, e como você se louvará. Mas, se lhe parece oportuno seguir com (fazer) a coisa, tome cuidado para que o encanto dela, e o prazer, a atração, não o conquistem; pondere do outro lado a consideração, quão melhor é estar consciente de que você conquistou tamanha vitória.

XXXV.

Quando decidir que uma coisa deve ser feita e a estiver fazendo, nunca evite ser visto fazendo-a, embora muitos formem uma opinião desfavorável sobre o assunto. Se não for certo fazê-la, evite fazê-la; agora, se está certo, por que ter medo daqueles que encontrarão nisso defeitos?

XXXVI.

Como a proposição, se é dia ou noite, é de grande importância para o argumento disjuntivo, mas para o conjuntivo não tem valor, então, em um simpósio (entretenimento), selecionar a parcela maior é de grande valia para o corpo; contudo, para a manutenção do sentimento social, não vale absolutamente nada. Portanto, quando você comer com outra pessoa, lembre-se de olhar não apenas para o valor do corpo das coisas que estão diante de você, mas também para o do comportamento para com o anfitrião, algo que deve ser observado.

XXXVII.

Se você assumiu um papel que está acima das suas forças, tanto agiu de maneira imprópria quanto negligenciou o que poderia ter realizado.

XXXVIII.

Ao caminhar, assim como você toma cuidado para não pisar em um prego ou torcer o pé, faça-o para não danificar sua própria faculdade governante; se observarmos tal regra em cada atitude nossa, nós a faremos com mais segurança.

XXXIX.

A medida da posse (propriedade) é o corpo para cada homem, assim como o pé é do sapato. Se você seguir essa regra (as exigências do corpo), manterá a medida equilibrada; agora, se a ultrapassar, necessariamente precisa se apressar para sair dali, como se ali fosse um precipício. Seguindo o exemplo do sapato, se você for além (das necessidades) do pé, o sapato passa a ser dourado, depois roxo, depois bordado, afinal, não há limite para o que já passou da medida que é a verdadeira.

XL.

As mulheres, imediatamente, a partir dos 14 anos, são chamadas pelos homens de "amantes" ([do grego: *CHURIAI, DOMINÆ*]). Portanto, uma vez que não há mais nada que elas possam obter, senão somente o poder de se deitar com os homens, começam a se enfeitar e a depositar todas as suas esperanças nisso. Logo, vale a pena se atentar ao fato de que elas saibam que são valorizadas (pelos homens) por nada mais do que meramente parecer (ser) decentes, modestas e discretas.

XLI.

Gastar muito tempo com as coisas que concernem ao corpo, como exercício, comida, bebida, flexibilidade, relação sexual, tudo em excesso é marca de uma capacidade mesquinha. Mas essas coisas devem ser feitas como subordinadas e, então, permitir que todo o seu cuidado seja voltado para a mente.

XLII.

Quando qualquer pessoa tratar você mal ou falar mal de você, lembre-se de que ela faz ou diz isso porque acha que é dever dela. Não é possível para ela seguir o que parece certo para você, mas aquilo que parece certo para ela. Dessa forma, se ela estiver errada quanto à opinião que tem, é ela a pessoa que está sendo prejudicada porque foi enganada; se um homem supõe que a conjunção verdadeira é falsa, não é a conjunção que é impedida e, sim, o homem que foi enganado a respeito dela. Se seguir tais opiniões, você será brando de temperamento para com aquele que o insulta; dizer essas coisas em toda ocasião fará parecer assim para ele.

XLIII.

Tudo tem duas alças, uma pela qual pode ser sustentado, a outra pela qual não pode. Se o seu irmão age de forma injusta, não se apegue a essa atitude pela alça na qual ele agiu injustamente, pois essa é aquela que não pode ser sustentada; agarre-se à outra, que é o seu irmão, criado com você, e se agarre à coisa pela alça por meio da qual consegue carregar.

XLIV.

Estes raciocínios não são coerentes: "Eu sou mais rico do que você, portanto, sou melhor do que você; sou mais eloquente do que você, logo, sou melhor do que você". Pelo contrário, os que vêm a seguir são bastante coerentes: "Eu sou mais rico do que você, portanto, as minhas posses são maiores do que as suas; sou mais eloquente do que você, portanto, o meu discurso é superior ao seu". Mas você não é uma posse ou um discurso.

XLV.

Um homem toma banho rápido (cedo)? Não diga que ele toma banho mal, mas que toma um banho rápido. Um homem bebe vinho demais? Não diga que ele faz isso por mal, mas que ele bebe muito. Antes de você ter determinar a sua opinião, como sabe que ele está cometendo um erro? Dessa forma, você não compreenderá algumas aparências que podem ser compreendidas e, sim, será levado a concordar com outras.

XLVI.

Em nenhuma ocasião chame a si mesmo de filósofo, e não fale muito entre aqueles que não são instruídos sobre teoremas (regras filosóficas, preceitos); mas faça o que se espera deles. Por exemplo, quando estiver em um banquete, não dite a forma como um homem deve comer, mas coma como você deve comer. Pois lembre-se de que, dessa mesma maneira, Sócrates também evitou por completo a ostentação. As pessoas iam até ele e pediam para os recomendar aos filósofos, e ele as levava até os filósofos, tão facilmente se colocava em uma posição de ser esquecido. Assim, se qualquer conversa sobre qualquer teorema surgir entre pessoas não instruídas, tenha o hábito de ficar em silêncio, afinal, existe ali um grande perigo de você vomitar imediatamente aquilo que ainda não digeriu. Quando um homem lhe disser que você não sabe de nada, e mesmo assim você não ficar aborrecido, então, nesse momento, tenha certeza de que você começou o trabalho (da Filosofia). Porque nem mesmo as ovelhas vomitam a erva que comem e mostram aos pastores o quanto comeram; porém, quando internamente elas digerem pasto, externamente produzem lã e leite. Você também não exibe seus teoremas para os não instruídos, mas mostra as atitudes que são resultado da sua digestão.

XLVII.

Quando, por um pequeno custo, você tiver recebido tudo o que é suficiente para o corpo, não se orgulhe disso; nem mesmo em todas as ocasiões que você beber água diga: "Eu bebo água". Primeiro, considere quão mais frugais do que nós os pobres são, e quão mais duradouro é o trabalho. Agora, se quiser se exercitar por meio de trabalho e resistência, faça isso por você mesmo, não pelos outros. Não abrace estátuas; se estiver com muita sede, tome um gole de água fria, cuspa e não conte a ninguém.

XLVIII.

A condição e a característica de uma pessoa não instruída são as seguintes: ela nunca espera de si mesma lucro (vantagem) nem prejuízo, e, sim, das coisas externas. A condição e a característica de um filósofo são: ele espera que toda vantagem e todo dano surjam de si mesmo. Os sinais (as marcas) de quem está progredindo são estes: não censura, não elogia, não acusa, não diz nada sobre si mesmo como se fosse um alguém ou mesmo soubesse alguma coisa; quando é impedido ou encontra dificuldades diante de si, ele se culpa; caso um homem o elogie, ele ridiculariza para si mesmo o elogiador; se um homem o censura, ele não se defende; ele anda como pessoas fracas, tomando cuidado para não mexer em nenhuma das coisas que lhe são colocadas antes de estarem firmemente fixadas; ele remove todo o desejo de si mesmo e transfere a aversão ([do grego: ECHCHLISIN]) para aquelas coisas sob o nosso poder que são contrárias à natureza; ele emprega um movimento moderado em relação a tudo; se ele é considerado tolo ou ignorante, não se importa; em resumo, ele se observa como se fosse um inimigo e estivesse em uma emboscada.

XLIX.

Quando um homem se orgulha por ser capaz de entender e explicar os escritos de Crisipo, diga a si mesmo: "Se Crisipo não tivesse escrito de uma maneira obscura, esse homem não teria nada do que se orgulhar". Porém, o que é aquilo que eu desejo? Compreender a natureza e segui-la. Portanto, pergunto: quem é o intérprete? E quando ouço que é Crisipo, vou até a ele (o intérprete). Mas não entendo o que está escrito e, por consequência, procuro o intérprete. E até agora ainda não há nada do que se orgulhar. Todavia, quando eu tiver encontrado o intérprete, o que resta é usar os preceitos (as lições). Isso, em si, é a única coisa da qual se orgulhar. Se devo admirar tamanha exposição, o que mais me tornei senão um gramático em vez de um filósofo? Com exceção de uma coisa: o fato de que estou explicando Crisipo em vez de Homero. Então, quando qualquer homem me diz: "Leia Crisipo para mim", fico bastante rubro ao não ser capaz de mostrar as minhas atitudes como suas palavras e ser tão consistente quanto elas.

L.

Sejam quais forem as coisas (regras) que lhe sejam propostas (para a conduta da vida), cumpra-as como se elas fossem leis, como se você fosse culpado de impiedade caso transgredisse qualquer uma delas. E o que qualquer homem disser a seu respeito, não preste atenção nisso, pois não é assunto que lhe interesse. Por quanto tempo você ainda vai adiar o benefício de se pensar como sendo digno das melhores coisas e de qualquer maneira transgredir a razão distinta? Você aceitou os teoremas (as regras), os quais era seu dever aceitar, e concordou com eles? Então, que professor você ainda espera que lhe entregue a correção de si mesmo? Você não é mais um jovem e, sim, um homem adulto, portanto, se for negligente e preguiçoso, e estiver continuamente procrastinando, e fazendo o mesmo com proposições (intenção), e fixando-se dia após dia, mas só depois prestando atenção em si mesmo, não saberá que, na verdade, não está se aperfeiçoando; continuará ignorante (sem instrução) enquanto viver e até morrer. Então, de imediato, pense que é certo viver como um homem adulto, alguém que está se tornando proficiente, que tudo que parece ser o melhor para você represente para si uma lei que não deve ser transgredida. Se um trabalho árduo, que seja agradável, glorioso ou inglório for colocado diante de você, lembre-se de que agora essa é a competição, agora esses são os jogos olímpicos, e eles não podem ser adiados. Logo, para que o progresso até aqui se perca ou se mantenha, isso depende de uma derrota e de uma rendição. Sócrates se tornou perfeito dessa maneira, ao se aperfeiçoar em todas as coisas, não prestando atenção a mais nada que não fosse a razão. E você, embora ainda não seja um Sócrates, deve viver como quem deseja ser um.

LI.

O primeiro e mais necessário lugar (parte [do grego: TOPOS]) na Filosofia é o uso de teoremas (preceitos [do grego: THEORAEMATA]) – por exemplo, o de que não devemos mentir; a segunda parte é a das demonstrações – por exemplo: "Como se prova que não devemos mentir?". A terceira é a que confirma as duas primeiras, e é explicativa – por exemplo: "De que forma isso é uma demonstração?". Pois o que são a demonstração, a consequência, a contradição? O que é verdade, o que é falsidade? A terceira parte (tópico) é necessária por causa da segunda, e esta por causa da primeira; contudo, a mais necessária, e sobre a qual devemos depositar nossa atenção, é a primeira. Mas nós fazemos o contrário, afinal, gastamos nosso tempo no terceiro tópico e toda a nossa seriedade se dá sobre ele; porém, negligenciamos inteiramente o primeiro. Logo, nós mentimos. Só que a demonstração de que não devemos mentir já está em nossas mãos.

LII.

Em todas as coisas (circunstâncias) devemos manter estas máximas à mão:

> Guia-me, ó Zeus, e você, ó Destino,
> o caminho para onde sou ordenado a ir de acordo com você.
> Estou pronto para seguir. Se eu não escolher,
> eu me torno um miserável, e mesmo assim ainda devo seguir.
> Mas quem nobremente cede à necessidade,
> nós o consideramos sábio e hábil no que diz respeito às coisas divinas.
> E a terceira também: ó Críton,
> se assim agrada aos deuses, que seja;
> Anytus e Melitus realmente
> são capazes de me matar,
> mas não de me prejudicar.

amo ler

1ª Edição
Fonte: Alegreya